PURE 순전한 나드 NARD

PURE 순전한 나드 NARD

주 석

창세기

내면의 삶을 위한 안내와 묵상

GENESIS

by Jeanne Guyon

Published by the SeedSowers
P.O. Box 3317 Jacksonville, FL 32206

창세기 주석

지 은 이 잔느 귀용
옮 긴 이 이민경

초판발행 2008년 12월 4일
5 쇄 발행 2019년 3월 11일

펴 낸 이 허 철
펴 낸 곳 도서출판 순전한나드
등록번호 제2010-000128
주 소 서울 강남구 언주로69길 16 (역삼동) 2층
도서문의 02) 574-6702
Fax. 02) 574-9704
홈페이지 www.purenard.co.kr
인 쇄 처 예원프린팅

Printed in Korea

ISBN 978-89-6237-028-7 03230

주석

창세기

보다 깊은 크리스천의 삶을 위한 안내와 묵상

잔느 귀용 지음

이민경 옮김

순전한 나드

PURE NARD

창 세 기

차례

Genesis

1장

1. 태초에 하나님이 천지를 창조하시니라

2. 땅이 혼돈하고 공허하며 흑암이 깊음 위에 있고 하나님의 영은 수면 위에 운행하시니라

하나님이 태초에 천지를 창조하시니라. 하나님께서는 말씀으로 모든 것을 창조하셨습니다. 만물은 그로 말미암아 지은 바 되었고, 지은 것이 하나도 그가 없이는 된 것이 없습니다. 말씀은 태초부터 하나님 안에 계셨습니다. 이것은 바로 죄의 공허함에 빠져 있던 영혼의 갱생, 곧 재창조의 아름다운 모습입니다.

하나님께서는 이처럼 끔찍한 혼돈 속에 있던 죄인을 끌어내어 예수 그리스도를 통해 새로운 창조의 역사를 이루십니다. 회심의 첫 걸음은 바로 이 새 창조입니다. 사도 요한이 기록하였듯이 태초에 말씀이 계셨고, 만물이 그로 말미암아 지은 바 되어 지은 것이 하나도 그가 없이는 된 것이 없었습니다. 마찬가지로 그리스도인으로서의 새로운 생명의 시작, 그리고 성장과 완성에 이르기까지의 모든 과정은 길이요, 진리요, 생명이신 예수 그리스도로 말미암아 이루어집니다. 하나님께서는 죄로 인해 소멸된 영혼을 말씀으로 새롭게 하사 재창조를 이루십니다. 그렇다면 주님께서는 어떻게 이 일을 이루실까요? 성경 말씀의 첫 구절은 태초에 일어난 사건을 순서대로 기록하고 죄인의 회심 속에 드러난 하나님의 행하심을 보여 줍니다. 이것이 영적, 내면적인 그리스도인의 길로 들어서는 첫 걸음입니다.

하나님께서는 하늘과 땅을 가장 먼저 창조하셨습니다. 이것은 참회로 말미암는 두 가지의 회복을 나타냅니다. 바로 외적 회복과 내적 회복입니다. 우리는 육신의 죄뿐 아니라, 마음과 영혼의 죄도 버려야 합니다. 하지만 외적 회심은 언제나 내면의 회심, 즉 마음과 영혼의 회심을 상징하는 하늘에 달려 있기 때문에 하나님께서 하늘과 땅을 창조하셨다고 말하는 것입니다. 하나님께서는 마음과 영혼을 시작으로 바깥 것을 변화시키십니다. 회심의 첫 획은 내면에서 그어집니다. 주님은 끔찍한 혼돈에서 영혼을 끌어내어 창조를 이루시고, 육신을 죄에서 해방시키십니다.

주님은 우리의 마음에 이런 하나님을 알고자 하는 은밀한 지향성을 주셨습니다. 따라서 우리는 결코 하나님 없이 살 수 없는 존재들입니다. 주님은 외적인 것들이 유일하신 주권자로부터 우리를 분리시키고 마음을 죽음과 비(非)실재에 묶어 두는 모든 개입을 끊고 창조된 무(無)에 두게 하십니다.

그렇지만 여전히 이 **땅**은 창조 이후에도 **혼돈하고 공허**한 상태로 남아 있습니다. 모든 좋은 것들이 벗겨진 채 어떤 윤곽과 징후만이 덮고 있을 뿐입니다. 이것이 전부입니다. 아직 풀 한 포기조차 나지 않은 곳에 거대한 공허와 지극한 결핍이 존재합니다. 이것이 바로 회심 중에 있는 걷 사람의 상태입니다. **흑암이 깊음 위에 있고**. 이것은 바로 **흑암**이 덮고 있는 **깊음**과 같이 하나님 외에는 그 누구도 뚫을 수 없는 영혼의 마음입니다. 이 속에 있을 때에는 무엇을 해야 할지 알 수 없습니다. 죄가 자신 안에 뿌려 놓은 어둠과 공포 외에는 아무것도 발견하지 못하기 때문입니다. 그 속에는 오직 공허와 황폐함만 발견됩니다. 이때 우리는 모든 좋은 것을 박탈당하고 온갖 악에 둘러싸인 자신의 모습을 발견하게 됩니다.

이러한 상황 가운데 **하나님의 영은** 멈추지 않고 **수면 위를 운행**하십니다. 이 물은 바로 은혜가 머물러 있는 참회의 눈물을 상징한다고 볼 수 있습니다. 이런 눈물은 죄가 남아 있는 **무지(無知)의 흑암**과 좋은 것이라고는 하나도 없는 끔찍한 공허 속에서도 흐릅니다.

3. 하나님이 이르시되 빛이 있으라 하시니 빛이 있었고

참회의 물 위를 운행하시던 자비로우신 성령님께서는 무지한 죄인의 슬픔을 보시고 그 어둠 가운데 빛의 광선을 보내십니다. **하나님이 이르시되 빛이 있으라 하시니 빛이 있었고.** 하나님으로부터 발산된 이 광채는 눈먼 영혼을 향해 돌진하는 주님의 지혜의 광선입니다. 어둠이 조금씩 나를 잠식해 간다는 것을 깨닫기 시작할 때 우리는 하나님의 말씀이 능력의 말씀임을 깨닫기 시작합니다. 이것은 언어인 동시에 빛입니다. 창조된 빛은 스스로 존재하시는 말씀의 나타나심이며, 스스로 존재하시는 말씀은 피조물에게 비춰진 빛의 근원이십니다. 그렇기 때문에 하나님의 말씀이 성도들의 빛이 되는 것입니다. 그분은 바로 널리 퍼지는 빛으로 가득한 언어 자체이십니다. 따라서 하나님께서는 오직 말씀을 통해 무(無)로부터 모든 만물을 창조하셨습니다.

하나님의 언어는 하나님의 말씀이고, 그 말씀은 하나님의 빛이십니다. 하나님께서는 이제 새 피조물에게 말씀하십니다. 무엇을 말씀하십니까? **빛이 있으라.** 이 말씀이 떨어지기가 무섭게 빛이 존재합니다. 태양이 밤의 어둠을 조금씩 물리치며 떠오르듯, 무지의 흑암은 진리의 빛으로 변화되면서 점점 밝아옵니다. 이 빛은 예수 그리스도에게서 나온 것이지만, 아직 빛의 근원되신 예수 그리스도 자체는 아닙니다. 이제 우리 구주의 은혜와 창조주의 자비로 죄와 무지의 흑암 속에 있던 자들이 광명한 빛을 보게 되었고, 죄로 인해 죽음의 그림자 아래 있던 자들에게 태양이 떠오릅니다.

4. 빛이 하나님이 보시기에 좋았더라 하나님이 빛과 어둠을 나누사
5. 하나님이 빛을 낮이라 부르시고 어둠을 밤이라 부르시니라 저녁이 되고 아침이 되니 이는 첫째 날이니라

이어서 말씀은 이렇게 기록합니다. **그 빛이 하나님이 보시기에 좋았더라.** 하나님으로부터 온 이 빛은 어떤 불순물도 섞이지 않았기에 하나님이 보시기에 좋았고, 새 창조물 안에 선한 영향을 미치고 있었습니다. 새 창조물은 이 빛을 통해 자신의 창조주를 발견하고 다시 그분께로 돌아가고자 하는 갈망을 느끼게 됩니다. 이처럼 우리의 가장 어두운 곳까지 밝힌 이 빛은 빛이 비치지 않는 곳을 밝힐 뿐 아니라 우리의 본향을 깨닫게 합니다.

하나님께서 우리 마음 가운데 은혜의 빛을 비추시면, 우리는 성실함으로 응답하게 됩니다. 주님께서는 어두운 곳을 비추는 빛을 보시고는 좋았다 하시며 **빛과 어둠을 나누십니다.** 이전까지는 빛이 비추면서도 여전히 어둑함이 남아 있는 어둠의 날이었다면, 이제 하나님께서 자신의 빛이 우리의 어둠과 혼합되어 더럽혀지지 않게 하시기 위해 빛과 어둠을 나누십니다. 이 아름다운 빛은 우리를 향한 하나님의 선물인 믿음입니다. 태초에는 오직 영혼이 거하고 있는 무거운 밤에 관한 묘사만이 또렷이 드러났습니다. 이와 대비되는 빛이 더 잘 인지되는 것은 빛 자체가 단지 명료하고 풍성하기 때문만이 아닙니다. 영혼의 깊은 어둠이야말로 빛을 더욱 부각시키는 요소입니다.

이제 하나님께서는 우리의 어둠에서 당신의 빛을 나누십니다. 빛은 한층 더 깨끗하고, 보다 광범위하고 눈부시게 비추게 됩니다. 하지만 이 빛과 어둠이 대비되어 어둠은 오히려 더 짙어진 것처럼 보입니다. 이때 우리는 하나님과 사이가 멀어졌고, 자신이 이전보다 더 깊은 흑암 속에 있다고 생각하기 쉽습니다. 하지만 실제로는 이때야말로 이전까지의 어떤 빛보다도 가장 밝은 빛을 받고 있는 것입니다.

영원히 쇠하지 않는 태양과 같은 하나님의 빛을 가까이서 받고 있어도 주변의 모든 것이 어둡게 보일 수 있습니다. 달의 삭(朔)이 일어날 때 태양 앞에 노출된 달은 실제로 자신이 받고 있는 빛에 비해 훨씬 적은 양의 빛을 지구로 보냅니다. 이때 태양은 어느 때보다도 달에 가장 가까이 와 있지만 지구 쪽에서 달 자체는 어둡게만 보입니다. 이와는 반대로 달이 가장 밝게 비추는 만월(滿月)은 사실 달이 태양으로부터 받는 빛의 양이 가장 적을 때입니다.

신적인 빛을 받는 영혼도 달과 같다고 볼 수 있습니다. 신적 태양이 열렬하게 타오르는 광선을 영혼 위로 발할 때, 그 영혼은 자신의 하나님께 동일한 강렬함으로 반응하게 됩니다. 하지만 막상 자기는 자신의 빛의 밝기를 감지하지 못합니다. 그러다가 만월 때 달에 비치는 태양의 빛이 줄어들듯이 영혼에게 비치는 하나님의 빛이 작아질 때 그 영혼은 자체적으로 더 많은 것을 발산합니다. 이것이 바로 뚜렷하게 인지할 수 있고 숭고하게 보이기도 하지만 정작 하나님과는 거리가 먼 영적 지식과, 눈에 띄지 않고 불분명하게 보이지만 하나님과 가장 가까운 거리에 있는 믿음의 빛의 차이입니다.

저녁이 되고 아침이 되니 이는 첫째 날이니라. 이 구절에는 두 가지 의미가 있습니다. 첫째, 빛과 어둠의 잇따른 교류는 부분적으로 밝지만 부분적으로 여전히 어두운 믿음의 날이라는 하루를 만듭니다. 둘째로, 내적 그리스도인이 살아가는 믿음의 완전한 하루를 의미하는 첫째 날은 생명의 빛으로 가득한 내면적 삶의 **아침**과, 죽음과 쇠멸, 벗겨짐을 의미하는 **밤**이 합하여 만들어집니다.

6. 하나님이 이르시되 물 가운데에 궁창이 있어 물과 물로 나뉘라 하시고

7. 하나님이 궁창을 만드사 궁창 아래의 물과 궁창 위의 물로 나뉘게 하시니 그대로 되니라

8. 하나님이 궁창을 하늘이라 부르시니라 저녁이 되고 아침이 되니 이는 둘째 날이니라

참회의 날들이 지나고 하나님께서 말씀하십니다. **물 가운데에 궁창이 있어 물과 물로 나뉘라.** "이제 눈물을 그치고 마음과 영을 강건케 하라. 오감으로 경험할 수 없는 거룩한 물들로부터 너의 유약함을 구별하라. 이 물들과 나의 은혜를 나누어 섞임이 없이 정결케 하라."

궁창 위에 있는 물은 완전히 순결하며, 깨끗하고, 흠이 없는 은혜의 물입니다. 이 물은 기쁨의 심연 속에서 영혼 위로 넘쳐흘러 이를 정결케 하지만, 비통함과 슬픔의 물은 아래에 놓이게 됩니다. 궁창 위에 있는 높은 곳은 기쁨의 폭포수 속에 뛰어들지만, 아래 부분, 즉 땅은 비통함과 슬픔의 물에 잠겨 있습니다. 따라서 이 두 물은 위로함의 낮과 슬픔의 밤으로 나뉘면서 영적인 둘째 날을 이룹니다. 이것은 바로 그리스도인의 속사람의 두 번째 단계입니다.

9. 하나님이 이르시되 천하의 물이 한곳으로 모이고 뭍이 드러나라 하시니 그대로 되니라

10. 하나님이 뭍을 땅이라 부르시고 모인 물을 바다라 부르시니 하나님이 보시기에 좋았더라

영혼을 덮고 있던 비통함과 슬픔의 물들은 한곳으로 모입니다. 이 물들은 이제 경계 지어진 곳으로 물러가고, 이 경계선들이 마음 주변을 둘러쌉니다. 그러면 마른 곳, 곧 뭍이 드러나 영혼은 회심 이후 전혀 새로운 지경으로 들어가기 시작합니다. 이 마르고 건조한 뭍의 발견은 비통함의 물보다 더 견디기 어렵다고 할 수도 있습니다. 이전에 땅을 덮고 있던 물들 속에 어느 정도의 달콤함이 섞여 있었다면, 바다가 되어 경계선 밖으로 물러가는 즉시 비통함으로 가득 차게 되고, 이전에 물로 덮여 있던 곳에는 메마른 땅이 드러납니다.

하나님께서 모인 물을 바다라 부르시니. 이 나뉨을 통해 모든 달콤함은 물러가 높은 물을 이루고, 아래에는 비통함만 남게 됩니다. 이 비통함의 물들이 한곳으로 조밀하게 모여 이전보다 더욱 농도 짙은 비통함을 갖게 됩니다. **뭍(마른 곳)을 땅이라 부르시고….** 이제 비열하고 천한 인간은 자신에 대해 깨닫기 시작합니다. 이 일은 하나님께서 달콤한 천상의 물뿐 아니라 비통함과 슬픔의 물들마저 몰아내신 후 찾아오는 메마름과 건조함을 통해 이루어집니다. 은혜의 달콤한 물은 감각이라는 우리의 가장 낮은 차원을 의미하는 땅에 내리지 않은 채 높은 곳에 머무르고, 이로 인해 메마르고 건조한 땅이 드러납니다. 이러한 과정이 고통스러운 이유는 땅 위에 쓴 물이 함께 머물러 있기 때문입니다. 이 쓴 물은 땅을 촉촉이 적시거나 소성시키지 못합니다. 그 속에는 하늘의 이슬이라고는 조금도 남아 있지 않습니다. 혹 남아 있어도 의의 태양이 이를 완전히 말려 버립니다.

하나님이 보시기에 좋았더라. 하나님이 행하신 뒤 항상 나오는 말입니다. 이 구절을 통해 하나님께서 이루시는 일들은 언제나 좋고 선한 것임을 알 수 있습니다. 그 무엇도 주께서 행하시는 일을 망칠 수 없습니다. 하나님께서 한 영혼을 이끄시는 모든 상황 속에는 적절하고 독특한 선하심이 존재하며, 그 때와 목적은 매우 다양합니다. 하나님께서 물을 창조하시고 이를 온 지면에 펼치시며 좋았더라고 말씀하셨습니다. 하지만 이내 곧 변형시키신 후에도 여전히 동일하게 좋았다고 말씀하십니다. 한때에 좋고 필요한 것이 다른 때에는 무익하고 위험한 것일 수 있습니다. 메마르고 건조한 땅이 은혜의 물로 충만하게 되는 것이 좋을 때가 있는가 하면, 이를 빼앗는 것이 좋은 때가 있습니다.

이제 물들은 자기 자리로 물러갑니다. 물이 물러가지 않고 계속 땅에 충만해 있다면 오히려 오염되어 어떤 열매도 맺지 못하는 땅으로 만들어 버릴 수 있습니다. 따라서 피조물의 혼란스럽고 경솔한 행위와 섞이지 않는 하나님의 일하심이 영혼 가운데 역사해야 할 필요성이 여기서 발견됩니다. 하나님께서 물을 물러가게 하실 때 피조물은 물을 땅 위에 머물러 있게 하거나, 하나님께서 일하시기도 전에 먼저 자신을 정결하게 한다고 물을 일찍 마르게 만듭니다. 오, 하나님, 주의 손은 전능하십니다! 모든 일은 당신의 거룩하신 말씀으로 이루어짐을 고백합니다. 주께서 말씀하시면 그 일이 이루어집니다. 주께서 말씀을 통해 이루시는 모든 일들은 완전합니다.

이제 우리가 할 일은 하나님께 맡겨 드리는 것입니다. 주님은 우리보다 더 완전하게 그 일을 이루십니다. 우리는 얼마나 연약한 피조물들인지요! 때로 우리는 주께서 행하시는 일을 스스로 할 수 있을 뿐 아니라 심지어 하나님보다 더 잘할 수 있을 거라 착각합니다. 이런 착각으로 인해 우리는 주의 일에 간섭하려 하고, 모든 것을 내 손안에 쥐고 있으려 합니다. 하지만 이런 상태에서는 진전이 없습니다. 도리어 우리의 열심이 일을 방해합니다. 하나님께서는 우리의 방해를 받지 않는 무(無)에서만 완전한 역사를 행하십니다.

11. 하나님이 이르시되 땅은 풀과 씨 맺는 채소와 각기 종류대로 씨 가진

열매 맺는 나무를 내라 하시니 그대로 되어

12. 땅이 풀과 각기 종류대로 씨 맺는 채소와 각기 종류대로 씨 가진 열
매 맺는 나무를 내니 하나님이 보시기에 좋았더라

13. 저녁이 되고 아침이 되니 이는 셋째 날이니라

주님은 영원한 계획 안에서 때에 따라 우리의 영을 채우기도, 비우기도 하십니다. 이제 주께서 지금까지 무익하게 보이던 이 메마르고 건조한 땅에 명하여 풀을 내게 하십니다. 이것이 바로 첫 생산입니다. 메마른 땅속에서 생기가 돋는 것이 실로 놀라울 따름입니다. 이 모든 풀들은 씨 가진 열매를 맺어 무한하게 번식할 생명들입니다. 어린 풀잎들의 움직임은 매우 연약하고 그 크기 또한 매우 작지만, 우리의 지식과 기대를 초월하여 척박함 속에도 선한 열매를 맺습니다.

한 영혼은 자신이 이보다 더 위대한 것들의 소유자임을 깨닫기 시작하고, 이를 창조하신 동일한 말씀이 풀잎뿐 아니라 다른 나무와 그 잎사귀와 열매도 창조하셨다는 사실에 놀라게 됩니다. 담대한 덕을 상징하는 이러한 열매 맺는 나무들은 자신의 유기체 안에 다른 생명의 개체를 생산할 수 있는 영원한 씨를 지녔으며, 이들은 단순한 풀보다 높은 차원의 생명체입니다.

이제 영혼은 무엇이 장엄하고 숭고하며 합당한지, 무엇을 향해 나아가야 하는지 어렴풋이 깨닫기 시작합니다. 이 모든 것들이 어떻게 이루어졌는지, 그리고 신실하게 역사하시는 하나님에 대해서도 조금씩 깨닫기 시작합니다.

여기서 우리가 깨닫고 넘어가야 할 두 가지 사항이 있습니다. 첫째는 말씀이 이 모든 것을 창조하셨으며, 그가 없이 된 것이 하나도 없다는 진리입니다. 하나님께서는 오직 말씀(parole)을 통해 역사하시고, 하나님의 말씀(verbe)이 모든 일을 행하십니다. "그가 말씀하시니 그대로 되었더라."

모세는 바로 여기에서 실수했습니다. 단지 말로 명령해야 할 때 그는 바위를 내리쳤습니다. 모세는 자신의 노력이라는 막대기로 성취할 것이 아니라 하나님께서 역사하셨던 동일한 말씀의 능력으로 행해야 했습니다. 하나님의 임재 안에 거하는 자들에게 일어나는 기적들은 말의 선포를 통해 일어납니다. 말씀의 역사하심 없이 은사만 가지고 되는 것이 아닙니다. 예수님께서 성육신을 통해 우리 안에 거하시게 된 사건 역시 이러한 원리로 이루어진 것입니다. 우리는 오직 말씀을 받은 후에야 행할 수 있습니다. 말하는 것이 곧 행함이요, 행함이 곧 말하는 것입니다. 하지만 우리의 연약함은 우리로 하여금 막대기를 들어 말씀을 앞지르게 합니다. 이는 하나님을 매우 노하게 만드는 행위입니다.

둘째로 우리는 이 모든 은혜의 역사가 우리의 자아 소멸을 위해 일어난다는 것을 깨달아야 합니다. "주께서 여종의 비천함을 돌아보셨음이라" 하고 고백한 마리아는 이러한 비밀을 알았습니다. 하나님께서는 우리의 무(無)를 돌아보시고 그 안에 말씀, 곧 하나님의 형상을 이루어 가시며 우리를 통해 하나님의 말씀을 나타내십니다. 이 말씀이야말로 우리의 행위의 유일한 근거가 되어야 합니다.

영혼 안에서 이 모든 덕이 출산되어 셋째 날, 곧 내적 삶을 형성합니다. 어떻게 이 모든 일들이 이루어지는지 머리로 다 이해할 수는 없겠지만, 이 모든 덕이 영혼 안에 들어와 확립된다는 점이 정말 놀랍습니다. 이는 사람의 노력이 아니요, 다만 주께서 역사하시도록 맡겨 드림으로써 이루어집니다. 하나님께서 모든 일을 우리 안에서, 그리고 놀라운 질서 안에서 우리 자신을 위해 때에 따라 하나하나 이루어 가신다는 사실에 경탄하며 이렇게 외칠 것입니다. 주의 행하시는 모든 일이 어찌 완전한지요! 영원하시며 스스로 있는 지혜이신 당신의 행하심은 실로 완전합니다. 주로부터 말미암지 않은 모든 것은 거짓과 과실이며, 속임일 뿐임을 내가 압니다.

여기까지 왔다면 이제는 회심의 시작 단계부터 예수 그리스도를 통한 하나님의 행하심의 손길이 필요하다는 것이 보이기 시작합니다. 이는 그 어떤 애씀보다도 은혜에 대한 전적인 의존을 통해서 이루어집니다. 우리는 성령님께서 우리 안에서 일하실 수 있게 허락해 드려야 합니다. 우리가 노력하는 것은 성령님께서 우리 안에 일하시는 것을 방해할 뿐입니다. 끊임없는 자기부인과 주님의 뜻에 대한 전적인 순복으로 성령님의 인도하심을 따르지 않는다면, 나 자신의 난폭한 노력으로 성령님을 앞서게 됩니다. 이는 우리가 성령님의 인도를 따르기보다 오히려 성령님께 나를 따라오시라고 강요하는 것입니다. 허물과 비참함이 가득한 우리는 주님의 뜻의 인도하심에 나를 맡기기보다 내가 원하는 방향으로 성령님이 움직이시게 만들려고 노력합니다. 이것이 바로 성령을 거스르는 것입니다. 말씀에 의하면 이처럼 성령님을 근심케 하다가는 끝내 성령을 완전히 소멸하게 됩니다. 그렇기 때문에 사도 바울은 우리에게 성령님을 이처럼 대하지 않도록 경고한 것입니다.

14. 하나님이 이르시되 하늘의 궁창에 광명체들이 있어 낮과 밤을 나뉘게 하고 그것들로 징조와 계절과 날과 해를 이루게 하라

15. 또 광명체들이 하늘의 궁창에 있어 땅을 비추라 하시니 그대로 되니라

16. 하나님이 두 큰 광명체를 만드사 큰 광명체로 낮을 주관하게 하시고 작은 광명체로 밤을 주관하게 하시며 또 별들을 만드시고

17. 하나님이 그것들을 하늘의 궁창에 두어 땅을 비추게 하시며

18. 낮과 밤을 주관하게 하시고 빛과 어두움을 나뉘게 하시니 하나님이 보시기에 좋았더라

19. 저녁이 되고 아침이 되니 이는 넷째 날이니라

셋째 날, 즉 내적 단계가 지나면 하나님께서는 영혼 안에 새로운 단계를 열어 가기 시작하십니다. 바로 내적 크리스천의 네 번째 단계입니다. 지금까지 흑암과 불확실성을 지나왔다면, 이제부터는 빛과 다양한 내적 체험을 하게 됩니다. 영의 가장 높은 차원에는 오직 빛과 열만 존재합니다. 그곳에는 최상의 빛 외에도 다양한 빛들이 존재합니다. 이러한 작은 빛들은 불확실성의 밤 속에서도 빛을 비춥니다.

하지만 이 빛은 낮의 빛과는 다릅니다. 낮에 비추는 가장 광명한 빛 아래에서는 사물을 명확히 분별할 수 있습니다. 하지만 그 빛의 근원 자체는 잘 보이지 않습니다. 빛 자체가 너무도 눈부시기 때문에 빛의 근원은 두드러지지 않지만, 이 빛 아래에서 수많은 지식들이 교통하고 많은 진리들이 발견됩니다. 하지만 밤에 비추는 빛은 그 자체로 매우 또렷하게 보이지만, 자신 외에 다른 사물은 매우 희미하게 드러낼 뿐입니다. 우리는 종종 이 같은 현상에 현혹되어 낮을 밤으로, 밤을 낮으로 착각합니다. 이로 인해 모든 사물을 밝히는 광명한 빛보다 그 자체만으로 찬란한 어둠 속에 있는 빛들에 집착합니다.

영원한 태양인 낮의 빛은 바로 믿음의 빛입니다. 이 빛은 여타 별들과는 비교할 수 없는 밝은 빛을 비춤에도 불구하고 그다지 특별할 것이 없는 외양으로 인해 사람들의 호감을 사지 못합니다. 이와 달리 밤에 나타나는 빛들은 눈에 띄는 환상이나 상징과 같이 우리의 무지의 밤 속에서도 식별하고 인지할 수 있는 것들입니다. 이러한 빛들을 통해 하나님의 선하심과 권능이 나타나기 때문에 우리는 경외함과 겸손함으로 이들을 받아들여야 합니다. 하지만 동시에 낮의 빛과 밤의 빛이 명백히 다르다는 것을 알아야 합니다. 우리의 눈은 가려져 있기 때문에 많은 경우 밤의 빛을 낮의 빛보다 더 추구하기가 쉽고, 진귀한 빛들인 환상과 상징, 황홀경과 같은 궁창의 별들을 지나치게 따라가다가 스스로를 기만하게 될 수도 있습니다. 우리는 이러한 빛을 초월하는 믿음이라는 최상의 빛으로 나아가 자신을 내어 맡기고, 더 이상 희미하게 반짝이는 빛들로 사물을 분별하려는 시도를 그쳐야 합니다. 밤에 비추는 별빛과 같은 빛들은 우리를 기만하여 사물을 원래 모습보다 확대시키거나 왜곡시켜 종종 그 실체를 오해하게끔 만듭니다. 이 속에서 헤어나오지 못한다면 우리에게 얼마나 큰 손해가 되겠습니까! 이 점은 우리가 영적 삶에서 꼭 기억해야 할 사항입니다. 이 두 빛의 차이점을 깨닫지 못한다면 진리가 밝히 드러나는 믿음의 광명한 낮으로 영원히 들어가지 못한 채 죽음에 이르게 됩니다.

저녁과 아침의 빛이 뜨고 지는 것은 영혼의 계절, 즉 영의 상태를 알려 줍니다. 태양과 같이 달도 여러 모습으로 변화하면서 때와 시기를 분별해 줍니다. 우리의 내면에 태양이 다가설 때는 영적인 삶의 첫 봄을 가져옵니다. 하지만 영원히 봄만 있는 것은 아닙니다. 계절은 계속 변화되며 이내 곧 빛과 열이 가득한 여름을 가져옵니다. 그 온기를 통해 열매 맺는 가을이 오지만, 점차 온기가 물러감에 따라 겨울이 오고, 지난 계절들이 가져온 유쾌함만큼 겨울은 고통을 줍니다. 이처럼 하늘에 있는 빛들은 다가오고 물러설 때마다 영혼의 시절 속에 흔적을 남깁니다. 태양이 우리에게서 가까이 있든 멀리 있든 결국 십이궁의 자리를 찾아가듯이, 우리가 우리에게 다가왔던 빛이 무서운 속도로 멀어지는 불명료함 속을 거닐지라도 결국 우리 자신의 집이자 고향인 하나님을 재발견하게 됩니다.

하나님이 보시기에 좋았더라. 이 말씀은 하나님의 거룩하신 일하심이 영혼에게 끼치는 유익을 증거하고 있습니다. 하나님께서는 넷째 날, 넷째 단계를 마무리하시고, 다음 날이 밝아오게 하십니다. 우리가 이 모든 과정 가운데 신실하게 주를 좇는다면, 하나님 안에서 안식하는 일곱째 날까지 가지 못할 이유가 없습니다. 하지만 애석하게도 우리의 불신앙은 우리로 하여금 첫째 날에 걸음을 멈추고 더 이상 나아가지 못하게 만들곤 합니다. 이것이 바로 우리 삶 속에 끔찍한 혼돈이 남아 있는 이유입니다.

하루 지날 때마다 저녁이 되고 아침이 오니, 이를 통해 하루가 만들어졌음을 다시 한 번 주목하십시오. 이는 하나님께서 어떤 방식으로 하루를 구분지으셨는지 보여 줍니다. 하루의 시작과 마침은 한 단계의 시작과 완성을 나타냅니다. 매 단계의 시작은 하루의 시작이며, 단계의 완성은 하루의 마지막이자 더욱 힘찬 시작을 위한 마침일 뿐입니다. 새날이 오기 전에 항상 밤이 먼저 오고, 한 날의 마침은 다른 날을 해산합니다. 피조물 가운데 역사하시는 하나님의 손길이 어찌나 놀라운지요!

우리의 눈이 신적 빛을 보게 된다면 자연의 법칙 중 어떤 것도 영혼 안에 역사하는 은혜의 법칙을 거스를 수 없음을 깨닫고 무한한 기쁨을 소유하게 될 것입니다. 이처럼 마음의 눈이 열릴 때 우리는 이로 인해 기쁨을 누리게 되고, 모든 창조물 속에서 하나님을 발견할 뿐 아니라 우리를 주께로 이끄시는 그분의 지혜를 깨닫게 됩니다. 그러면 우리는 더 이상 환경을 보지 않고 오직 우리 안에 역사하시는 분을 바라보게 됩니다. 사람은 실로 작은 세상과도 같습니다. 우리 안에는 거대한 우주가 압축되어 있고, 모든 일들은 우리 안에서 시작됩니다. 하지만 이것을 깨닫지 못하는 까닭은 진리의 빛에 완전히 젖지 않았기 때문입니다.

20. **하나님이 이르시되 물들은 생물을 번성하게 하라 땅 위 하늘의 궁창에는 새가 날으라 하시고**

21. **하나님이 큰 바다 짐승들과 물에서 번성하여 움직이는 모든 생물을 그 종류대로, 날개 있는 모든 새를 그 종류대로 창조하시니 하나님이**

보시기에 좋았더라

22. 하나님이 그들에게 복을 주시며 이르시되 생육하고 번성하여 여러 바닷물에 충만하라 새들도 땅에 번성하라 하시니라

23. 저녁이 되고 아침이 되니 이는 다섯째 날이니라

이 마르고 건조했던 땅에 이제 풀이 돋아나고 영혼 안에는 빛이 탄생되어 비추고 있습니다. 이 빛은 광명한 믿음의 빛뿐 아니라 눈앞에 반짝이는 빛도 모두 함축하고 있습니다. 믿음의 빛은 그 본체가 눈에 띄지 않기 때문에 자체의 아름다움에 빠져 시간을 낭비하지 않을 수 있고, 빛을 통해 사물을 보려고 하는 자들에게는 진리를 그대로 드러내어 보여 줍니다.

별빛을 들여다보는 것은 우리에게 즐거움을 줄 수도 있지만, 우리를 현혹시킬 수도 있습니다. 별빛 역시 빛을 발하지만, 사물을 있는 그대로 보는 것을 방해한다고 할 수 있습니다. 믿음의 빛이 비추는 진리를 단순하게 발견하려 하기보다 반짝이는 빛 자체에 빠져 그 속에 무엇이 있는지 들여다보며 분석하는 사람들은 속기 쉽습니다. 그러면 우리의 눈은 하나님의 계획을 거스르는 쪽으로 돌아가기 시작합니다. 하나님께서 빛을 주신 유일한 목적은 길을 밝히사 우리로 하여금 그분을 향해 달음질하게 하기 위함입니다. 믿음의 길 자체는 매우 순전하고 곧으며, 너무도 확실하여 거리낄 필요도 없이 그 길대로만 가게 인도합니다.

하지만 별빛과 같은 빛 자체에 빠질 경우 온갖 망상이 일어나기 마련입니다. 별빛은 그 자체로 즐거움을 선사합니다. 그러나 그 빛은 자신만을 드러내 보여 줄 뿐, 사물을 매우 편협하게 비춥니다. 이로 인해 우리는 편견을 가질 수밖에 없게 되어 진실을 있는 그대로 인식하기보다 우리의 상상으로 대체시킵니다. 밤의 빛은 종종 인공적인 빛에 의해 위조되기도 합니다. 하지만

믿음의 빛은 본성상 다른 모든 빛들을 흡수하고 그 밝음 역시 모든 빛들을 능가합니다. 이처럼 모든 것을 능가하는 것이 바로 믿음의 특성입니다. 따라서 우리가 이 믿음의 빛 아래 계속 전진한다면 속임으로부터 자유하고 견고히 설 수 있습니다.

이 지점에 이르렀다면 모든 종류의 빛나는 은혜들은 경험되었지만 아직 살아서 생기를 주는 물은 흐르지 않고 있습니다. 왜 말씀은 **하나님이 물(들) 안에 각기 다른 생물을 그 종류대로 창조하셨다**고 기록할까요? 이전에도 이미 살펴보았듯이, 물에는 단 물과 쓴 물, 두 종류의 물이 있습니다. 쓴 물이 흐르기 시작한 시점부처 영혼은 죽음을 가져온 쓴 물 안에 역설적으로 생명의 기원이 있음을 깨닫게 되어 그조차도 사랑하게 됩니다. 이것은 단 물이 주는 것과는 다른 차원의 것입니다. 쓴 물이야말로 이 땅에서 가장 위대하고, 귀하고, 보배로운 것을 생산해 냅니다. 이를 볼 줄 아는 눈을 가진 자는 가장 큰 달콤함보다도 쓴 것을 더 사랑하게 됩니다.

하지만 여전히 달콤함과 은혜는 계속적으로 살아 움직입니다. 이들은 더 이상 반짝거리기만 하고 사물의 진실은 보여 주지 않는 빛들이 아닙니다. 이제 은혜와 달콤함은 생기를 주는 물줄기가 되어 영혼에게 살아 있는 원칙을 가져다줍니다. 이로 인해 우리는 신비하고 깊은 생명에 의해 생기를 느끼기 시작합니다. 이 생명은 이미 우리 안에서 불멸의 세포를 생성하고 있는 자비입니다. 이것은 생명과 은혜를 공급하는 하나님의 완전한 임재의 토대가 되어 친밀한 연합을 이루지만, 아직 본질이라고는 할 수 없습니다.

이외에도 하나님께서는 마음의 가장 깊은 곳이자 영의 가장 높은 곳 신성한 대기 속을 나는 새들을 창조하십니다. 이 새들은 매우 고상하고 고결한 생각을 상징하는 것으로 빨리 지나가고 찰나만 머물기 때문에 전혀 흔적을 남기지 않습니다. 믿음 안에서 행하는 것과 믿음의 빛 외의 빛 아래서 일어나는 일의 차이가 바로 이것입니다. 작은 별빛들은 인식하고 설명할 수 있으며, 머릿속에도 또렷이 남습니다. 눈으로 보아 알고, 기억해 두었다가 나중에 전달할 수 있습니다. 하지만 새는 이와 달리 너무 빨리 지나가 버리기 때문에 우리의 생각속에 어떤 흔적도 남기지 않습니다. 우리는 생각만으로는 그려 볼 수도, 어떤 것인지 알 수도 없습니다. 새는 비상할 때만 자신을 나타내 보이기 때문에, 공중을 날고 있지 않을 때는 들을 수 있을 뿐입니다. 믿음의 빛에 교화된 영혼들은 이 같은 고상하고 고결한 영적 지식들을 소유하고 있지만, 새가 노래로 자신을 표현하듯 말이나 글을 통해서만 표현됩니다. 이처럼 높은 영의 차원에 존재하는 지식은 표현될 때 비로소 인식됩니다.

하나님께서는 살아 있는 동물들에게 생육하고 번성하라고 명하십니다. 이들은 끝없이 생육하고 번성하지만, 깊은 물속이나 공중 어딘가 너무도 높은 곳에 숨어 있기 때문에 낮은 곳에서는 결코 볼 수 없습니다.

이것은 다섯째 날의 시작과 완성이자 내적 크리스천의 다섯 번째 과정을 이루어 갑니다.

24. 하나님이 이르시되 땅은 생물을 그 종류대로 내되 가축과 기는 것과 땅의 짐승을 종류대로 내라 하시니 그대로 되니라

25. 하나님이 땅의 짐승을 그 종류대로, 가축을 그 종류대로, 땅에 기는 모든 것을 그 종류대로 만드시니 하나님이 보시기에 좋았더라

가장 숭고한 지식의 절정에 이르게 되면 다섯 째 날이 완성됩니다. 다섯째 날까지는 빛, 영적 지식, 정열, 사랑에 관한 이야기만 등장하고, 우리는 이 단계에서 더 이상 땅의 것에 집착하지 않습니다. 모든 물질적이고 세속적인 것들로부터 완전히 해방되어 생명의 바다에 자신을 던진 영혼은 땅을 덮고 있는 아름다운 신록들이 목초지를 형성하고, 땅으로부터 종류대로 탄생한 동물들이 그 위를 네 발로 떼 지어 다니며 점유하는 것을 보고 매우 놀라게 됩니다. 하나님의 왕좌였던 곳이 결국 동물들의 발등상이 되어 버린 셈입니다. 이전에는 상상도 할 수 없던 일입니다! 하지만 여전히 역사하시는 하나님은 처음과 변함없이 동일하십니다.

지금까지는 과연 동물들이 어떤 목적으로 지어졌는지 알 수 없었습니다. 이들은 땅을 망가뜨리고, 아름다움을 훼손시키는 것으로만 보였지요. 하지만 동물은 땅의 가장 중요한 장식물이자, 땅을 아름답게 덮고 있는 풀보다도 더 고귀합니다. 이 단계에서 하나님께서는 우리를 온전함의 절정으로 끌어올리기 위해 모든 아름다움을 우리의 시야에서 가리고 오직 흙과 짐승의 움직임만 보게 하십니다. 하지만 짐승의 움직임은 살아 있어 생기를 부여합니다. 하위 영역에 속한 땅은 생명의 역사를 일궈냅니다. 땅을 장식하고 있던 풀들은 살아 있고 그 안에 생명이 들어 있지만, 동물의 생명만큼 섬세하지 못합니다. 이러한 동물적 생명은 더 이상 악이 아닌 선을 이루기 위해 속사람과 소통해야 합니다. 우리는 어설프고 저급한 감각으로도 하나님께 영광을 돌릴 수 있을 뿐만 아니라, 마땅히 그렇게 해야 합니다. 너무도 오랫동안 무감각하게 살아왔던 사람은 자신의 감각이 다시 살아난다는 것에 감각을 잃어버리게 되었던 때보다도 더 놀랍니다. 감각이 되살아나는 것은 반드시 필요한 과정입니다. 이 순간부터 사람의 감각은 완전히 정화되어 이제는 더 이상 창조주의 뜻을 거스르지 않고 그 뜻대로 우리를 섬기게 됩니다.

이제 땅 위에 기는 모든 종류의 동물들의 창조가 완성되었습니다. 이들 중에는 육식 짐승도 있고 파충류들도 있습니다. 이럴 수가! 빛나며 신성한 것들만 그리던 마음과 숭고한 지식을 가졌던 우리 안에 이제는 파충류들과 부정한 동물들이 가득 차게 되었습니다. 이때 우리는 베드로와 같은 고백을 합니다. **그럴 수 없나이다. 속되거나 깨끗하지 아니한 것은 결코 내 입에 들어간 일이 없나이다.** 하지만 베드로는 이런 답변을 듣게 됩니다. **하나님이 깨끗하게 하신 것을 네가 속되다고 하지 말라 하더라.** 창조주께서 지으신 것들은 모두 선하고 거룩합니다. 이것을 깨끗하지 못하게 만드는 유일한 속됨은 바로 우리 자신입니다. 하지만 주님께서는 우리에게 악영향을 끼친 동물적 본성조차도 우리 감각의 속됨을 깨끗케 하시는 데 사용하시고, 이러한 본성 자체도 점차적으로 정화시키십니다. 이 과정 속에 감각이 소멸되는 것처럼 느낄 수도 있습니다.

우리의 겉 본성이 창조의 질서에 반란을 일으킬 경우 골치 아픈 일이 생기지만, 반대로 창조주께 완전히 순복하면 매우 유용하게 쓰임 받게 됩니다. 우리 안에 있는 모든 것들은 창조 질서 안에 있을 때에는 매우 훌륭한 것들입니다. 비록 죄가 이를 오용하여 해로운 것이 되게 만들어 버렸지만, 본래 하나님의 손으로 지음 받은 이 동물들 안에는 유용하고 바람직한 것들만 있었고 창조 질서에 따라 사람에게 완전히 순복되어 있었습니다. 하지만 사람의 거역으로 인해 동물은 사람에게 해를 입히고 사람을 거역하는 존재가 되었습니다. 영의 반란은 육의 반란을 가져옵니다. 하지만 끝없이 선하신 하나님께서는 이러한 육의 반란을 통해 하나님께 완전히 순복되어 있지 않던 영을 하나님께 복종시키시고, 후에 육마저도 복종시키십니다. 이처럼 사람의 손에 모든 것을 맡기사 이를 제압하고, 굴복시키고, 멸할 수 있도록 하시고 이를 **하나님이 보시기에 좋았더라** 하셨습니다.

많은 독자들이 사람이 창조되기도 전에 일어난 사건과 과정들을 사람과 연관시켜 이야기하는 것에 대해 의아해하실 수도 있을 것입니다. 하지만 두 가지를 주목하여 본다면 하나도 놀랄 것이 없습니다. 첫째로, 우주에서 일어난 모든 일들은 한 영혼 안에서도 동일하게 일어납니다. 이 거대한 우주 가운데 하나님께서 이루신 창조의 역사는 은혜의 질서로 향하는 인간의 회심 과정에서 똑같이 일어납니다. 두 번째로, 인간이 창조되기 이전에 존재하던 자연의 순결함은 타락한 사람을 은혜로 다시금 회복시킵니다. 세상이 완성되기까지 일곱 번의 시기가 있었다면, 사람도 역시 은혜를 통해 변화되는 일곱 단계를 거치게 됩니다. 이러한 사실을 믿기란 그리 어려운 일이 아닙니다. 사도 바울이 기록하였듯이 은혜의 역사는 죄의 역사와 다릅니다. 한 사람의 죄로 말미암아 많은 자들이 진리에 대해 죽었지만, 하나님의 은혜와 선물은 한 사람 예수 그리스도의 은혜로 말미암아 더욱 넘쳤습니다. 예수 그리스도의 넘치는 구속은 죄가 인간에게서 빼앗아 간 것보다 훨씬 더 많은 것들을 회복시켰습니다. 이에 대해 더 자세히 아는 것을 하나님께서 기뻐하시리라 믿으면서 이러한 역사가 어떻게 진행되었는지 살펴보고, 이것이 교회사의 보편적인 믿음과 전혀 대립되지 않다는 것을 설명해 보겠습니다.

26. 하나님이 이르시되 우리의 형상을 따라 우리의 모양대로 우리가 사람을 만들고 그들로 바다의 물고기와 하늘의 새와 가축과 온 땅과 땅에 기는 모든 것을 다스리게 하자 하시고

이제 참 하나님의 형상이 사람 안에 회복됩니다. 죄로 인해 망가지고 손상된 형상은 완벽하게 회복된 모습으로 돌아옵니다. 참 하나님의 형상이란 무엇일까요? 아버지의 살아 있는 형상이며, 우리 안에 자신을 나타내기 기뻐하시고 그 안에서 자신을 완전히 표현하시는 분, 바로 예수 그리스도이십니다. 여기서 우리는 창조의 계획뿐 아니라 구속도 볼 수 있습니다. 하나님께서는 사람을 위해 모든 것을 창조하셨지만, 사람만큼은 하나님 자신을 위해 창조하셨습니다. 주님은 피조물의 창조를 마치신 후 창조의 완성이자 피조물들의 통치자로서 사람을 창조하셨습니다. 사람의 처음과 마지막에는 오직 하나님 한 분만 계시기에 우리는 하나님 외에 결코 다른 결말로 향할 수 없도록 지어졌습니다. 하나님께서는 하나님의 형상을 따라 사람을 창조하셨습니다. 즉 하나님의 아들이자 말씀인 하나님의 형상을 사람 안에 투사시키사 성령이 그로부터 흘러나오게 하셨습니다.

하나님의 기쁨은 사람의 자손들 가운데 거하고 있었습니다. 오직 하나님의 형상인 독생자만이 하나님을 기쁘시게 할 수 있기 때문에(하나님께서 어떤 피조물을 기쁘게 여기신다면 그것은 오직 독생자를 통해서입니다), 사람을 하나님의 기쁨 가운데로 이끄시기 전에, 사람을 먼저 하나님의 형상을 따라 만드시고 그 안에 하나님의 말씀의 성품을 인치셨습니다. 말씀이 없이는 결코 사람 안에서 기쁨을 찾으실 수 없었기 때문입니다. 거룩을 표현하는 통로이자 자신에게 비춰진 물체를 그대로 반사하는 거울과도 같이 거룩함을 비추는 말씀의 형상을 모든 사람 안에 창조하시는 것이 바로 창조의 완성이었습니다.

하지만 사람은 죄 때문에 이 아름다운 형상을 일그러뜨렸습니다. 하나님께서는 오직 자신의 말씀을 통해 이루어진 것만 기뻐하시지만, 사람이 그 안에 새겨진 하나님의 형상, 곧 말씀의 형상과 거룩을 완전히 잃어버려 고통당하고 있는 모습을 그대로 지켜보실 수 없으셨습니다. 하나님의 구속 계획은 말씀을 직접 내려 보내셔서 이 모든 것을 회복시키시는 것이었습니다. 하나님만이 스스로를 나타내실 수 있습니다. 하지만 주님은 오직 말씀을 통해서 이 일을 하시기에 말씀이 곧 사람이 되게 하셨던 것이지요. 거울이 더 이상 사물을 제대로 반사하지 못한다면 사물을 거울 가까이 갖다 놓는 수밖에요. 이처럼 사람이 더 이상 예수님의 거룩한 형상을 잃지 않으려면 예수 그리스도께서 직접 사람에게 오셔야 했습니다. 본래 하나님의 형상은 너무도 깊이 사람 안에 새겨져 있기 때문에 죄가 우리를 가리거나 망가뜨리고, 설사 완전히 더럽힌다 할지라도 하나님의 형상을 완전히 잃어버릴 수는 없습니다. 이렇듯 하나님의 형상을 가진 우리가 하나님으로부터 멀어지자 하나님께서는 이를 매우 애통해하시며, 우리의 구원을 간절히 열망하시게 됩니다. 한 영혼 안에서 일어나는 모든 내적 여정은 바로 이 형상을 발견하고 회복하는 일이며, 이러한 회복은 우리가 순결함으로 되돌아가는 즉시 일어납니다. 이것을 깨닫게 된 선지자이자 왕인 다윗은 외쳤습니다. "나는 의로운 중에 주의 얼굴을 보리니 깰 때에 주의 영광으로 만족하리이다." 그의 고백에서 이런 의미를 찾을 수 있습니다. "나는 주로부터 받은 의를 통해 주의 얼굴을 봅니다. 주께서 회복하신 하나님의 형상을 통해 주의 영광이 내 안에 나타날 때 나는 만족하리이다."

하나님께서는 사람을 창조하신 후 그를 왕으로 삼으사 모든 동물이 복종하게 하셨습니다. 또한 사람에게 온 우주에 대한 통치권을 주시고, 사람은 하나님의 통치만 받도록 계획하셨습니다. 하지만 죄로 인해 사람이 하나님을 배반하자 하나님께서 사람에게 복종케 하신 모든 피조물들이 사람을 대적하게 되었지요. 이처럼 사람의 죄는 하나님의 창조물 중 어느 하나에만 영향을 미친 것이 아닙니다. 죄는 사람에게 복종되어 있던 이 거대한 우주의 질서 자체를 바꾸어 놓았습니다.

27. 하나님이 자기 형상 곧 하나님의 형상대로 사람을 창조하시되 남자와 여자를 창조하시고

하나님이 자기 형상 곧 하나님의 형상대로 사람을 창조하시되. 이처럼 하나님께서는 자신과 같이 유일하고 순전한 존재로 사람을 창조하셨습니다. 순전하신 주님과의 온전한 합일 없이는 태초에 가졌던 순결함으로 다시 돌아갈 수 없습니다. 오직 하나님과의 합일만이 하나님의 온전한 형상을 회복시킵니다.

28. 하나님이 그들에게 복을 주시며 하나님이 그들에게 이르시되 생육하고 번성하여 땅에 충만하라, 땅을 정복하라, 바다의 물고기와 하늘의 새와 땅에 움직이는 모든 생물을 다스리라 하시니라
29. 하나님이 이르시되 내가 온 지면의 씨 맺는 모든 채소와 씨 가진 열매 맺는 모든 나무를 너희에게 주노니 너희의 먹을거리가 되리라
30. 또 땅의 모든 짐승과 하늘의 모든 새와 생명이 있어 땅에 기는 모든 것에게는 내가 모든 푸른 풀을 먹을거리로 주노라 하시니 그대로 되니라
31. 하나님이 지으신 그 모든 것을 보시니 보시기에 심히 좋았더라 저녁이 되고 아침이 되니 이는 여섯째 날이니라

하나님은 사람이 **생육하고 번성하기**를 바라십니다. 생육하고 번성한다는 것은 말씀의 형상이 **온 땅에 두루 퍼져 나가서** 모든 피조물들 가운데 그 형상이 새겨지지 않은 곳이 하나도 없게 되고, 하나님이 모든 것으로 인해 기뻐하시게 됨을 의미합니다. 사람이 창조되기 전에 이 땅은 공허했다고 기록하고 있습니다. 하나님의 광대하심으로 채워지지 않은 곳이 없었다면 어떻게 이 땅이 공허할 수 있었을까요? 이 말은 하나님의 아들의 살아 있는 형상을 가진 고귀한 피조물이 없는 땅은 하나님의 눈에 공허하게 보인다는 뜻입니다. 하나님께서는 아들의 형상이 생육하고 번성하여 온 땅에 충만하기를 바라십니다. 오, 광대하신 하나님께서 무엇 때문에 그러십니까? 하나님께서는 이렇게 말씀하십니다. 이를 통해 나의 기쁨이 충만해진다. 사람 안에 나의 형상이 있고, 나의 말이 그 안에 새겨져 있기 때문에 모든 사람은 나의 기쁨의 처소다.

기록되었듯이 하나님께서는 사람을 위해 만물을 지으셨기에 모든 통치권을 그에게 맡기십니다. 그렇다면 동물에 대한 사람의 주권은 어디에서 오는 것일까요? 바로 사람 안에 있는 거룩한 형상이 가진 힘에서 나옵니다. 이 형상은 사람 안에 있는 하나님의 말씀의 발현입니다. 예수 그리스도께서는 이렇게 말씀하셨습니다. "하늘과 땅의 모든 권세를 내게 주셨으니." 그리스도의 살아 있는 형상이었던 사람은 땅에 있는 모든 권세를 가지고 있었습니다. 사람 안에서 흐르고 있던 말씀의 풍성함만큼이나 그가 가지고 있던 권세 역시 어마어마하였지요.

비록 죄로 인해 이러한 권세를 잃어버리고 우리 안에 있는 말씀의 형상을 망가뜨렸지만, 우리 안에 있는 예수 그리스도의 형상이 온전히 회복되면 우리가 더 이상 그리스도를 대적할 수 없을 정도로 그리스도께서 우리를 완전히 지배하십니다. 그저 무기력해진다는 뜻이 아닙니다. 우리 안에서 새로이 확립된 질서는 반항심과 하나님의 뜻을 행하지 않으려는 반감을 무력화시켜 우리의 의지에서 분리해 버립니다. 이 같은 내어 맡김, 하나님과의 합일, 나의 뜻이 하나님의 뜻으로 대체되는 과정을 통해 우리 안에는 더 이상 자기본위가 남아 있지 않게 됩니다. 이때부터는 하나님께서 원하시는 것을 나도 원하게 되고, 하나님의 뜻이 곧 나의 뜻이 됩니다.

이 모든 과정은 이 땅에서 반드시 이루어질 수 있습니다. 예수 그리스도께서는 주기도문을 통해 하나님의 뜻이 하늘에서와 같이 이 땅에서도 이루어질 것을 구하라고 가르치셨습니다. 천국에 있는 복 있는 사람들처럼 이 땅에서도 우리의 뜻이 하나님의 뜻과 완전히 합하는 경험을 하는 것이 불가능하다면 예수님께서 이 같은 명령을 하지 않으셨겠지요. 설마 주님께서 우리에게 터무니없는 것을 구하라고 하셨겠습니까? 주님은 왜 우리를 위해 "나의 아버지여, 우리와 같이 저희도 하나가 되게 하소서"라고 기도하셨을까요? 온전한 연합은 하나님을 대적하여 일어나는 모든 것이 완전히 제거된 상태에서만 이루어질 수 있습니다. 이처럼 자기의 의지나 저항이 전혀 남아 있지 않은 자들을 향해 예수 그리스도께서는 이렇게 말씀하십니다. "하늘과 땅의 모든 권세를 내게 주셨으니."

이것이 바로 구속의 열매입니다. 예수 그리스도의 보혈로 이곳까지 다다른 사람은 모든 피조물 위의 궁극적 통치권을 포기하고 오직 하나님 안에 거하여 결국은 모든 것을 주 안에서 소유하게 되지요. 하나님의 열망은 여기에 있습니다. 가장 길들여지기 힘든 짐승을 순종시키고, 불의 사나운 기질을 복종시켜 목욕물을 데우듯이, 하나님의 사랑은 우리를 하나님의 뜻을 벗어나서 살 수 없는 존재로 변화시킵니다. 이 사랑을 경험한 사람들은 하나님께 불순종하여 그분의 마음을 아프게 하는 것을 죽기보다 싫어합니다.

위대하도다! 이에 대한 계시가 비록 많은 이들에게는 가려져 있지만, 사람 안에 거하신 예수 그리스도의 능력과 예수 그리스도 안에 거하는 사람이 어찌 그리 흠모할 만한지요! 우리 모두 그리스도인이라는 이름을 지녔지만 그 의미를 모르기에 이 이상을 넘지 못합니다. 하지만 그리스도인들은 가장 아름다운 이름을 지닌 자들입니다. 그리스도인이 된다는 것에 대해 배워 갈수록 당신은 자신 안에 있는 위대함과 고귀함을 발견하고, 거룩한 비전으로 태어난 목적에 합당한 일을 하게 될 것입니다.

오, 용사로 부름 받은 그리스도인들이여, 어찌 그리 헛된 영광을 위해 많은 피를 흘리는지요! 그리스도인 됨의 참 의미를 깨닫는다면 이 영광스러운 정체성을 지키기 위해 목숨이라도 바치며, 자신에게 합당치 않은 일은 절대 행하지 않을 것입니다. 진리와 그리스도인의 믿음에 대해 무지한 이들을 생각하면 참으로 가슴이 아플 뿐입니다! 많은 이들이 그리스도인의 본질까지 깊이 들어가지 않고 그저 피상적인 단계에서 멈춤으로 그리스도인으로서 누릴 수 있는 유익을 놓치고 있습니다.

아, 예수 그리스도의 형상으로 회복시키시는 역사에 자신을 드릴 때 영원한 기쁨 가운데 왕으로 살아갈 수 있건만… 안타깝게도 많은 사람들이 만족에 처하든 고통에 처하든 하나님의 행하심을 받아들이기보다, 자기 자신을 의지하고 하나님께서 주신 왕권을 자력 성취를 위해 오용함으로 영원한 종의 자리에 남곤 합니다. 하지만 우리를 왕의 자리에 앉히는 것은 나의 노력이 아닙니다. 오직 하나님의 선하심과 그분께 저항하지 않는 우리의 신실한 믿음만이 우리를 보다 높은 차원으로 이끕니다. 우리의 모든 자력 성취 기질은 하나님에 대한 저항이자 악입니다. 충성은 오직 하나님 한 분만을 절대적인 주인으로 모시는 것입니다.

하나님이 지으신 그 모든 것을 보시니 보시기에 심히 좋았더라. 자신 안에 하나님의 형상을 발견하는 것보다 더 좋은 것은 없습니다. 우리 안에서 나타나는 하나님의 형상을 발견하는 것은 가장 영광스러운 일입니다. 내 안에 있는 하나님의 형상은 하나님의 열렬한 사랑을 불러일으킵니다. 하나님께서는 사람 안에 있는 하나님 자신을 보고 기뻐하십니다. 홀로 기쁨이 충만하신 하나님께서 그의 말씀을 낳으셨습니다. 그분은 사람 안에 있는 하나님의 형상을 보시고 그 안에 하나님의 말씀 두시기를 기뻐하셨습니다. 우리 안에 거하는 말씀이 바로 사도 바울이 말한 내 안에 계신 예수 그리스도의 형상입니다.

우리는 하나님을 떠나 자력으로 뭔가 해보려고 해서는 안 됩니다. 이는 모든 무질서의 근원으로 거짓된 생각과 모든 허탄한 것들에 빠지게 하여 나 자신이 어디로부터 말미암았는지 잊게 만듭니다. 하지만 신실하게 하나님만 바라보는 자는 주 안에 거하여 어떤 두려움이나 자만도 없이 놀랍게 고귀한 자신을 발견하게 됩니다. 이런 사람은 하나님을 떠날 경우 흙에 불과한 자신을 알기에, 주 안에 거하며 자신 안에 계신 하나님만 바라봅니다.

하지만 우리의 근원이신 분을 떠나 나 자신을 바라보기 시작하고 내 노력으로 무언가를 취하려고 하는 순간 오직 상실만 있을 뿐입니다. 하나님을 떠나서는 끔찍한 무(無)만 있을 뿐, 그나마 있던 자기 열망마저 모두 잃어버리게 됩니다. 하나님을 떠나서 자신을 보는 것은 우리를 겸손으로부터 멀어지게 하고, 굴욕감 속에서도 교만과 자기기만에 빠져 자기에게 속하지 않은 것을 자기 것으로 착각하게 만듭니다. 우리는 오직 하나님 안에서 나 자신을 보아야 합니다. 하나님을 바라본다는 것은 순전한 관심을 가지고 영의 얼굴을 하나님께 향하는 것입니다. 이같이 할 때 나를 바라보시는 하나님의 시선을 더욱 잘 알게 되지요. 하나님을 바라볼수록 나를 향한 하나님의 시선 안에 더욱 들어차게 된다고 할까요. 다윗은 이처럼 경이로운 진리 앞에 감동하여 도취된 어조로 이렇게 부르짖었습니다. "하나님이시여, 사람이 무엇이관대 주께서 저를 생각하시나이까!"

여기까지가 하나님께서 빚으시는 내적 크리스천의 심오한 여섯째 날로, 사람을 위한 모든 역사는 결국 사람 안에서 완성됩니다. 아들의 형상이 우리 안에 투사될 때 비로소 하나님의 일하심이 완성됩니다. 이때에 비로소 우리는 안식을 누리며 영원하고 거룩한 날로 들어가게 됩니다.

2장

1. 천지와 만물이 다 이루어지니라

2. 하나님이 그가 하시던 일을 일곱째 날에 마치시니 그가 하시던 모든 일을 그치고 일곱째 날에 안식하시니라

말씀은 하나님께서 그 일을 마치셨다고 기록하고 있습니다. 하나님께서는 무엇을 이루시고 마무리 지으셨을까요? 바로 하나님의 말씀의 온전한 형상을 이루는 일입니다. 그 후 주께서는 안식하시고, 우리 역시 거룩한 본체이신 예수님과 함께 주 안에서 안식을 누리게 하십니다.

말씀은 **하나님이 하시던 일을 마치셨다**고 기록하고 있습니다. 이 구절을 한번 주의 깊게 들여다보면 "성령이 아니하고는 누구든지 예수를 주시라 할 수 없느니라"는 구절처럼 하나님이 홀로 주체이심을 볼 수 있습니다. 이처럼 우리의 옛 자아가 소멸되어 순결함에 이르는 사건은 그 누구의 간섭도 없이 홀로 일하시는 주님의 손길을 통해 이루어집니다. **그가 하시던 모든 일을 그치고 일곱째 날에 안식하시니라.** 하나님께서는 거룩한 영혼 안에서 안식을 찾으십니다. 영혼은 더 이상 저항하지 않고 주의 이끄심을 받아 하나님과 하나가 됩니다. 이때 하나님께서는 영혼 안에 안식하시며, 그 안에서 기쁨을 누리십니다.

3. **하나님이 그 일곱째 날을 복되게 하사 거룩하게 하셨으니 이는 하나님이 그 창조하시며 만드시던 모든 일을 마치시고 그날에 안식하셨음이니라**

하나님께서 그 일곱째 날을 복되게 하사 거룩하게 하셨으니…. 일곱째 날에 하나님께서는 하시던 일을 다 마치시고 영혼을 자신의 거룩한 생명 가운데로 흡수시키십니다. 이제 이 영혼 안에는 하나님께서 지으신 안식만이 있을 뿐입니다. 창조의 마지막은 하나님 안에서의 안식입니다. 이후로는 하나님 안에서의 거룩한 안식만이 남아 있습니다. 활동은 언젠가 마치듯이 하나님은 일을 마치셨습니다. 하지만 즐거움의 활동만은 안식 속에서 멈추지 않고 영원히 지속됩니다.

4. **이것이 천지가 창조될 때에 하늘과 땅의 내력이니 하나님이 땅과 하늘을 만드시던 날에**
5. **(하나님께서 들의 모든 초목과 밭의 모든 채소를 창조하시니라) 여호와 하나님이 땅에 비를 내리지 아니하셨고 땅을 갈 사람도 없었으므로 들에는 초목이 아직 없었고 밭에는 채소가 나지 아니하였으며**
6. **안개만 땅에서 올라와 온 지면을 적셨더라**

천지-곧 하늘과 땅은 사람에게 있는 두 가지 차원을 의미합니다-의 시작은 바로 하나님이십니다. 이처럼 하나님이 우리의 처음뿐 아니라 마지막이 되셔야 합니다. 우리는 우리가 시작된 곳으로 다시 돌아가야 합니다. 우리는 오직 말씀으로 지어졌으며, 말씀이 없이 된 것이 없습니다. 따라서 모든 마침으로의 귀환(歸還)은 오직 그리스도로 말미암아 이루어지며, 어떤 일도 그분이 없이는 시작될 수 없습니다. 예수님께서는 우리가 가는 길의 시작부터 동행하시며, 그분의 온유하심에 기꺼이 자신을 맡겨버리는 순간부터 영원히 우리를 떠나지 않으십니다.

성령님께서는 언제나 우리를 가르치기 기뻐하시며, 모든 초목이 사람의 경작의 노력 없이 창조되었음을 계시하여 주십니다. 이 초목은 우리의 영이 하나님께 완전히 잠길 때 아무런 노력 없이도 번식하고 성장하는 덕(virtue)입니다. 덕을 쌓고자 하는 열망 자체도 하나님의 선하심이 우리 영혼 안에 넣어 두신 선(善)입니다. 우리의 마음이 참 빛 아래 계시를 받으면 사람 안에 덕이 자라게 하는 일은 오직 하나님께만 속해 있음을 알게 됩니다.

덕을 쌓는 일이 우리에게 달려 있지 않다면 성실함은 언제 필요한 것일까요? 나의 그리스도인 형제들께 이제 그 비밀을 알려 드리겠습니다. 영혼의 성실함이란 끊임없이 자신을 하나님께 순복시키는 데 있습니다. 베드로가 "하나님의 능하신 손 아래서 겸손하라"고 기록하였듯이, 우리는 우리 안에서 선을 이루어 가시는 주님의 손에 모든 염려를 올려 드려야 합니다. 하나님은 우리를 돌보시는 분입니다. 또 끊임없이 자기를 부인하고, 은혜에 대적하는 우리의 본성을 제거해야 합니다. 이같이 나 자신을 하나님의 뜻 가운데 완전히 내어 맡기는 자기부인과 자기포기는 하나님이 우리 안에서 온전히 일하실 수 있게 해 드립니다. 바로 이 내려놓음이 은혜 안에 사는 사람의 주업(主業)입니다.

하지만 덕을 자라게 하시는 것은 하나님의 일입니다. 우리가 신실하게 은혜 안에 거할 때 하나님께서는 한 치의 실수도 없이 이 일을 이루십니다. 하나님께서는 이를 위해 은혜를 상징하는 샘을 두사 그 안에서 물이 솟아나게 하셨습니다. 땅에서 물이 샘솟듯이 이 은혜는 우리가 그 곁에 머물 때 언제나 우리 마음으로 흘러 들어옵니다. 하나님께서 하늘로부터 비를 땅에 내리게 하시기 전에는 이처럼 물이 지면을 적셨다고 말씀은 기록하고 있습니다. 우리는 온전히 주께 순복된 상태에서 경험하는 하나님의 돌보심을 흠모할 수밖에 없으며, 온전함에 이르기 위한 모든 은혜는 항상 부족함이 없이 채워집니다. 그리하여 하나님께서는 하늘에서 비가 내리기 전부터 땅속에서 물이 솟아나와 초목을 적시게 하셨습니다.

7. 여호와 하나님이 땅의 흙으로 사람을 지으시고 생기를 그 코에 불어넣으시니 사람이 생령이 되니라

우리 인간의 영적 기원은 하나님 자신입니다. 이제부터 나오는 말씀은 인간의 자연적 기원을 설명합니다. 말씀은 인간이 어떤 물질로 지어졌는지 기록함으로써 자연적인 나 자신이 어디로부터 비롯되었는지 보여 줍니다. 사람 안에 있는 모든 선한 것은 하나님으로부터 말미암았을 뿐 아니라 하나님께 속한 것들입니다. 하지만 우리 자신으로부터 비롯된 것은 비열하고 저급할 뿐입니다. 인간에게는 두 가지 면이 공존합니다. 그중 하나는 자연적 질서로부터 비롯된 것이고, 다른 하나는 영적 질서로부터 비롯된 갱생입니다. 하나님께서는 인간의 자연적 본질을 흙으로 지으셨습니다. 진흙은 비열하고 저급한 차원으로 강등된 인간의 천함을 의미합니다. 하나님께서는 이 흙으로부터 전혀 새로운 사람을 창조하시고, 직접 자신의 영을 불어넣으십니다. 이제 사람 안에는 생기를 부여하는 하나님의 영 외에 다른 어떤 영도 존재하지 않습니다. 하지만 이 일은 오직 옛 사람의 소멸을 통해서만 이루어집니다.

8. 여호와 하나님이 동방의 에덴에 동산을 창설하시고 그 지으신 사람을 거기 두시니라

이어 하나님께서는 즐거움의 낙원, 즉 에덴동산에 사람을 두십니다. 동산은 빛이나 사랑처럼 소극적인 상태에도 감지할 수 있는 하나님의 임재로부터 비롯된 달콤함이자 이생에서 가질 수 있는 최고의 즐거움입니다.

9. 여호와 하나님이 그 땅에서 보기에 아름답고 먹기에 좋은 나무가 나게 하시니 동산 가운데에는 생명나무와 선악을 알게 하는 나무도 있더라
10. 강이 에덴에서 흘러나와 동산을 적시고 거기서부터 갈라져 네 근원이 되었으니

소극적 단계(취하려 하기보다 받아들이는 단계-역주)에 있을 때는 모든 것이 번성합니다. 마음의 땅에서 난 나무에는 덕의 행실을 상징하는 열매가 맺혀 있습니다. 이 열매의 달콤함은 덕의 행실의 유익을 상징합니다.

동산 가운데에는 생명나무가 있더라. 이 생명나무는 모든 생명의 근원되신 하나님이십니다. 그분은 은혜의 성령님을 통해 하나님께 연합됨을 기뻐하는 사람의 뿌리를 소생케 하시고, 우리로 하여금 생명의 열매만을 맺게 하십니다. "악에서 떠나 선을 행하라"는 선지자의 말과 같이 하늘의 지혜이신 예수 그리스도께서는 선과 악이 무엇인지 정확히 아십니다. 하지만 대다수의 사람들에게는 이런 분별력이 없습니다. 그들은 악을 선하다 하고, 선을 악하다고 합니다. 어둠을 빛이라 하고 빛을 어둠이라 합니다. 이러한 오해와 기만은 그리스도의 지혜에 의지하기보다 스스로의 빛을 신뢰한 데서 기인합니다. 하지만 우리는 우리의 행할 길에 있어 성령의 지혜가 비춰 주시는 바에 만족할 줄을 알아야 합니다. 또한 하나님께서 감추신 비밀을 캐내고자 하는 야망을 버려야 합니다. 호기심에 가득 차 뭔가 대단한 것을 캐내려 하는 것은 사람의 눈을 멀게 할 뿐입니다.

강이 에덴에서 발원하여 동산, 곧 우리 영혼의 화원(花園)을 적십니다. 이것은 바로 공의의 중심부로 흘러 들어가는 은혜를 의미합니다. 이 은혜가 네 줄기로 갈라지는 이유는 모두 동일한 근원인 은혜에서 흘러 나왔어도 각각의 기능에 따라 다른 이름을 가져서일 수도 있고, 사람의 모든 능력과 행동의 땅에까지 은혜로 적시기 위해서였을 수도 있습니다. 이처럼 즐거움의 처소로부터 네 개의 강줄기로 흘러 땅을 적신 은혜는 예수 그리스도로 말미암아 우리에게 주시고, 아담이 타락한 이후 예수 그리스도와 그 구속의 공로로 받은 바로 그 은혜입니다.

11. 첫째의 이름은 비손이라 금이 있는 하윌라 온 땅을 둘렀으며
12. 그 땅의 금은 순금이요 그곳에는 베델리엄과 호마노도 있으며
13. 둘째 강의 이름은 기혼이라 구스 온 땅을 둘렀고
14. 셋째 강의 이름은 힛데겔이라 앗수르 동쪽으로 흘렀으며 넷째 강은 유브라데더라

첫째 강은 세례를 경험하는 첫 은혜를 의미합니다. 이곳에서는 순전한 사랑, 곧 순금이 나옵니다. 베델리엄은 소망, 호마노는 믿음을 상징합니다. 세례를 통해 우리에게 처음으로 은혜가 임할 때 사랑, 소망, 믿음 모두 함께 임합니다. 두 번째 강은 우리 영혼과 능력의 땅을 둘렀습니다. 이는 바로 여러 방향으로 퍼져 가는 은혜로, 점점 증가하여 마침내 그 한계에 다다르기까지 우리를 인도하여 줍니다. 세 번째 강은 타인들에게 주어지는 대가 없는 은혜를 의미합니다. 티그리스 강(힛데겔)은 앗수르까지 흘러가 모든 사람들에게 전해집니다. 네 번째 강은 우리를 영생으로 이끄는 최후의 인내를 의미하는 것으로, 영원한 고향으로 우리를 인도해 줍니다. 이 은혜는 우리를 만족케 할 뿐 아니라 우리를 완성시킵니다.

15. 여호와 하나님이 그 사람을 이끌어 에덴동산에 두어 그것을 경작하며 지키게 하시고
16. 여호와 하나님이 그 사람에게 명하여 이르시되 동산 각종 나무의 열매는 네가 임의로 먹되
17. 선악을 알게 하는 나무의 열매는 먹지 말라 네가 먹는 날에는 반드시 죽으리라 하시니라

하나님은 사람을 그 영혼의 중심부인 낙원에 두시고 넘치도록 은혜를 부으십니다. 그 은혜는 모르는 사이에 타락하지 않도록 어디서나 우리를 지켜 줍니다. 이처럼 위대한 은사들로 사람을 채우신 후에 주님께서는 사람이 동산을 가꾸고 지키기를 원하셨습니다. 하나님께서 위임하신 일을 가꾸고 지키는 것이 바로 우리가 가져야 할 성실함입니다.

나의 형제들이여, 지킨다는 것은 무엇을 의미할까요? 예수 그리스도께 이를 배웁시다. 주께서는 이렇게 말씀하셨습니다. "시험에 들지 않게 깨어 있어 기도하라. 마음에는 원이로되 육신이 약하도다." 우리는 깨어 계속적으로 하나님을 바라보면서 이 땅을 지켜야 합니다. 기도로 우리에게 맡겨진 땅을 지키는 것이 바로 하나님의 기대입니다. 다윗은 이렇게 고백하였습니다. "내가 이른 아침부터 주를 기억하리니, 여호와께서 성을 지키지 아니하시면 파수꾼의 경성함이 허사로다." 어떤 사람은 이렇게 말할지도 모르겠습니다. "나 자신을 스스로 지키지 않은 채 하나님만을 기다리다가는 결국 나의 대적들에게 뒤통수를 맞을 것이다." 하지만 사실은 이와 반대입니다. 우리가 하나님만 생각하다가 자신을 망각하는 즉시 하나님의 사랑이 나를 보살피기 시작하십니다. 강하고 능하신 보호자께서 내가 나를 지키는 것과는 비할 수 없이 확실하게 우리를 지키십니다! 우리가 스스로를 지키려 할 때 지키고자 하는 대상을 움켜쥐게 되고, 평소보다 억세지게 마련입니다. 하지만 우리의 모든 행사를 하나님의 손에 맡길 때 성 미가엘과 같이 극도의 담대함을 가지고 "그 누가 하나님에 비할 수 있겠는가?"라고 외칠 수 있게 되지요.

하나님께서는 우리 안에 있는 이 향기로운 동산을 경작하기를 원하십니다. 여기에서 말하는 경작이란 무엇일까요? 우리 주이신 예수님께서는 이렇게 가르치셨습니다. "자기를 부인하고 날마다 제 십자가를 지고 나를 따를 것이니라." 하나님께 대적하려는 본능이 일어날지라도 나 자신을 끊임없이 부인하고 포기하는 것이 바로 하나님께서 우리에게 허락하시는 십자가의 고통과 수고를 지는 것입니다. 바로 이러한 수고가 풍성한 은혜의 물을 힘입어 이루어 가는 인간의 노동이었습니다. 이처럼 하나님의 뜻과 질서 안에서 이루어지는 노동은 우리를 무너뜨리지 않고 목적에 다다르게 해줍니다.

하나님께서는 인간으로 하여금 동산의 열매를 통해 모든 즐거움과 좋은 것들을 맛보도록 허락하신 반면, 선악을 알게 하는 나무의 열매는 금하셨습니다. 선악을 안다는 것은 인간이 하나님의 영역을 침해하고, 예수 그리스도의 다스리심을 해치게 되는 것을 의미합니다. 하나님께서는 이렇게 말씀하십니다. **네가 먹는 날에는 반드시 죽으리라.** 하나님께서 그 순결하신 선하심으로 주께만 속하게 하신 것이 있습니다. 하지만 선악과는 인간으로 하여금 이것에 범접하여 움켜쥐게 만듭니다. 예수 그리스도께 접붙여지지 않은 나무는 절대 선한 열매를 맺을 수 없습니다. 모든 선한 열매는 필연적으로 예수 그리스도를 통해서만 맺히기 때문입니다. 우리가 그분께 연합되어 있다면 주님이 직접 우리 안에서 열매를 맺으십니다. 스스로 뭔가 해보려는 사람은 예수 그리스도의 통치를 벗어나게 되고, 하나님께서 그리스도를 통해 자기 안에 이루신 선한 일이 내 것인 양 자기만족에 사로잡히게 됩니다. 이로 인해 놀라운 은혜 속에 있다가도 죄와 호기심에 사로잡혀 하나님께만 속한 지식을 들여다 보고는 결국 죽음에 이르게 됩니다.

네가 먹는 날에는 반드시 죽으리라. 하나님의 영역을 범한다고 즉시 죽는 것은 아닙니다(여기에서 말하는 죽음이란 죄의 죽음이 아닌 신비의 죽음입니다). 육신이 바로 죽지는 않아도-오히려 그러면 나으련만-죽음을 선고받은 순간부터 형벌이 시작됩니다. 아담은 범죄 직후 바로 죽지 않았지만, 그 순간부터 죽음의 운명이 시작되어 고된 수고의 길로 들어서게 되었습니다. **반드시 죽으리라.** 하나님이 말씀하신 것은 절반의 죽음이 아닙니다. 그렇다고 수천 번의 죽음이나 고행을 의미하는 것도 아닙니다. 이때 필요한 것은 실재적인 참 죽음입니다. 이러한 참 죽음이 아니라면 무의미한 죽음의 무늬만 존재할 뿐입니다.

18. 여호와 하나님이 이르시되 사람이 혼자 사는 것이 좋지 아니하니 내가(우리가) 그를 위하여 돕는 배필을 지으리라 하시니라

위 말씀에서 우리가 독생하신 말씀이신 예수 그리스도의 인격과 거룩한 연합을 위해 창조되었음을 알 수 있습니다. 하나님께는 부족한 것이 없으시지만, 동시에 우리 없이는 완전히 충족되실 수도 없습니다. 사람 혼자서는 세상에 의와 구속을 가져오기에는 너무 연약합니다. 우리의 부르심은 거룩하신 분의 돕는 배필이며, 사람이 하나님과 합일할 때 인류의 구속을 위한 완벽한 동역을 이루게 됩니다. 이것은 예수 그리스도와 교회의 연합을 상징하기도 하지요. 교회는 다산의 어머니와 같이 그리스도의 피의 열매인 영원의 자녀들을 해산하고, 신실한 배필로서 인류의 성화와 구원을 위해 주님과 동역해야 합니다. 하나님과 이생을 사는 인간의 이러한 합일은 우리가 천국에 이르기까지 불멸하며, 이는 우리로 하여금 십자가의 운명과 함께 수고하고, 이러한 연합으로 인해 은혜 안에서 나 자신의 온전함뿐 아니라 많은 자들의 구원을 위해 일할 수 있게 되는 것입니다.

19. 여호와 하나님이 흙으로 각종 들짐승과 공중의 각종 새를 지으시고 아담이 무엇이라고 부르나 보시려고 그것들을 그에게로 이끌어 가시니 아담이 각 생물을 부르는 것이 곧 그 이름이 되었더라

20. 아담이 모든 가축과 공중의 새와 들의 모든 짐승에게 이름을 주니라 아담이 돕는 배필이 없으므로

21. 여호와 하나님이 아담을 깊이 잠들게 하시니 잠들매 그가 그 갈빗대 하나를 취하고 살로 대신 채우시고

아담이 타락하기 이전에는 모든 짐승들 위에 권세를 가지고 있었습니다. 이 권세는 모든 피조물들이 인간에게 복종하고, 인간은 자신의 하나님께 복종했음을 증거합니다. 동일하게 짐승들의 반역은 인간 자신이 범한 반역의 흔적입니다. 하나님께서는 아담이 각각 그 본성에 맞게 어떻게 이름을 짓나 보시려고 짐승들을 그에게로 이끌어 오심으로써 모든 짐승들 위에 인간을 왕으로 세우셨음을 확정하셨습니다. 범죄 이전의 순전한 사람은 이러한 권세로 자신의 능력, 감각, 정욕을 완전하게 다스릴 수 있었습니다. 하지만 범죄 이후 자기의 정욕 등 모든 것들의 지배를 받게 되었습니다. 예수 그리스도의 모형이었던 아담에게 복종하듯 짐승들(사람의 동물적인 본성과 정욕을 상징)은 예수님께 복종하였습니다. 그들에게 각각 맞는 이름을 지어주시는 예수님의 능력은 죄 때문에 반란을 일으키는 사람의 정욕도 다스리실 수 있음을 증거합니다. 영혼의 가장 고귀한 부분을 나타내는 하늘의 새들, 능력 등 사람에게 속한 모든 것들은 오직 구속자의 은혜를 통해서만 창조 질서로 회복될 수 있습니다.

말씀에는 이렇게 기록되어 있습니다. 모든 동물들에게 맞는 이름을 지어 주고, 하늘의 새들 뿐 아니라 땅 위의 짐승들 위에 왕으로 군림하신 예수 그리스도의 모형이었던 아담이지만, 돕는 배필이 그의 곁에 없었습니다. 이는 예수 그리스도에 대하여 두 가지를 설명해 줍니다. 첫째로, 만물이 말씀이신 그분으로 말미암아 지은 바 되었고, 지은 것이 하나도 그가 없이는 된 것이 없었을지라도, 이 신성한 말씀에 걸맞는 돕는 배필이 없었습니다. 그분은 아버지의 형상이시며, 모든 피조물의 근원이자 시작이셨지만 오직 인간을 창조하시는 역사를 통해 자신의 형상을 확장시키셨습니다.

하지만 타락 이후 인간은 더 이상 그분을 닮을 수 없게 되었습니다. 타락 이전의 아담은 그 본성 자체가 말씀의 살아 있는 형상이었지만, 예수 그리스도께서 가지셨던 온전함과는 분명히 차이가 있었습니다. 고로 하나님께서 말씀하십니다. **우리가 그를 위하여 돕는 배필을 만들자.** 이는 말씀과 인간 본성의 삼위일체(신성과 인성의 결합, 본질적 실재)와 같은 합일을 보여 줍니다. 이 돕는 배필은 말씀이신 주님과 연합하여 인류 구원의 사명을 받았습니다. 하나님의 가장 위대한 역사는 이 둘의 연합 없이는 이루어질 수 없는 일이었습니다. 신성과 인성이라는 너무도 다른 본질을 가지고 있었지만, 돕는 자는 예수 그리스도께 완전히 드려져 이 둘은 한 사람을 이루게 됩니다.

예수 그리스도와 교회의 관계도 이와 같습니다. 교회가 태어나기 전만 해도 예수 그리스도께 맞는 배필은 없었습니다. 하지만 교회의 출현은 예수 그리스도의 참 배필의 탄생이었고, 이제 가장 위대하신 뜻 가운데 인간의 구원을 위해 그분과 함께 동역합니다. 티나 주름 잡힌 것이나 흠이 없이 영광스럽고 거룩한 배필만큼 주님께 어울리는 자가 어디 있겠습니까?

이러한 배필은 과연 어떻게 지어졌을까요? 하나님께서는 새 아담을 잠들게 하십니다. 십자가라는 침상 위에서 잠이 임하고, 그분의 열린 옆구리에서 딸이자 신부 된 자가 탄생되었습니다. 그 아름다움은 너무도 완전하였고, 교회는 자신의 아버지이자 남편 되실 분께 합당치 않은 것이 전혀 없었습니다. 예수 그리스도와 교회는 매우 친밀한 연합을 이루며 한 영과 한 뜻으로 인류 구원을 위해 동역합니다. 교회에 속하지 않은 자는 절대 예수 그리스도께 속할 수 없습니다. 또한 교회로부터 출산되지 않은 자 역시 그분께 속할 수 없습니다. 참되고 유일한 결혼의 결속력을 통해 예수 그리스도에게서 난 자녀가 아니라면 교회의 참 아들이라 할 수 없습니다. 또한 교회로부터 난 자가 아니면 예수 그리스도께로 난 자가 아닙니다.

천지 창조 당시에도 예수 그리스도는 이미 하나님의 뜻 안에 계셨고, 인간에게 구속자가 필요해진 순간부터 모든 은혜는 이미 그리스도의 공로로 주신바 되었습니다. 이처럼 교회도 이때부터 구세주의 피로 태어날 수많은 자녀들의 갱생을 위해 그리스도와 함께 연합하여 왔습니다. 즉 세상이 시작할 때부터 피가 뿌려졌던 것이지요. 아버지 하나님께서는 예수님의 죽음이라는 대가를 통해 택하신 자들의 성화를 이루시고, 이들을 아들에게 주셨습니다.

22. 여호와 하나님이 아담에게서 취하신 그 갈빗대로 여자를 만드시고 그를 아담에게로 이끌어 오시니

23. 아담이 이르되 이는 내 뼈 중의 뼈요 살 중의 살이라 이것을 남자에게서 취하였은즉 여자라 부르리라 하니라

24. 이러므로 남자가 부모를 떠나 그의 아내와 합하여 둘이 한몸을 이룰

지로다

25. 아담과 그의 아내 두 사람이 벌거벗었으나 부끄러워하지 아니하니라

십자가에서 열린 예수님의 옆구리를 통해 피와 물이 쏟아지면서 교회가 탄생하였습니다. 아담과 하와의 연합은 예수 그리스도와 영혼의 신비한 결혼의 모형이기도 합니다. 이 일은 다볼산의 달콤함이 아닌 갈보리의 고난을 통해 이루어집니다. 사람의 영혼과 하늘의 신랑 간의 친밀한 연합이 이루어질 때 예수 그리스도께서는 이렇게 말씀하십니다. **이는 내 뼈 중의 뼈요 살 중의 살이라.** 사람은 말씀과 완전한 한 영이 되어 이제 자신 안에서 말씀 외에는 어떤 것도 발견하지 못하게 됩니다. 영혼은 그리스도를 통해 탄생되어 그분과 연합하고, 아버지이기도 한 주님을 신랑으로 맞습니다. 영혼과 예수 그리스도의 연합은 십자가와 고난의 고통을 통과할수록 더욱 친밀해집니다.

하나님께서 여자를 아담에게로 이끌어 오시니라. 이 연합은 결코 자연적으로 이루어지지 않습니다. 오직 하나님께서 홀로 행하시며, 사람은 하나님께서 행하시는 일을 받아들이고 신실하게 인도하심을 따를 뿐입니다.

신랑께서 이루신 일과 어린 양과의 혼인이라는 형언할 수 없는 기쁨을 누리기 위해 영혼이 어떻게 하는 것이 신실하게 응답하는 것일까요? **부모를 떠나는** 과정 없이는 이러한 영적 결혼이 완성될 수 없습니다. 옛 아담과 그 타락한 본성은 독자적으로 존재했을 텐데, 그러면 여기서 말하는 **부모**는 누구일까요? 부모를 떠난다는 것은 자기부인을 통해 죽음을 자꾸 끌어당기는 옛 나를 버리는 것이며, 오직 이 길만이 어린 양과의 혼인에 이르게 합니다. 자기 안에 몰두되어 스스로 이러한 영적이며 거룩한 결혼에 다다랐다고 생각하는 사람들은 완전히 속고 있는 것입니다. 우리의 본성을 맞아들이기 위해 예수 그리스도조차도 아버지의 품을 떠나셔야 했다면, 어떻게 우리 자신을 버리지 않고 그분을 맞아들일 수 있단 말입니까? 절대 불가능한 일입니다.

아담과 그의 아내 두 사람이 벌거벗었으나 부끄러워하지 아니하니라. 바로 자기 의지, 자기 관점, 모든 마음의 변덕과 잘못된 행동, 자기 의의 철저한 부재 상태이자 자신을 완전히 버린 영혼의 모습입니다. 이 같은 영혼은 자신에 대해 완전히 망각하였기 때문에 영적인 벌거벗음도 부끄러워하지 않습니다. 이들은 하나님 안에 완전히 흡수되고 그 안에서 자신을 잃어버린 자들입니다. 고로 자아의 몰락 상태인 극도의 가난한 심령과 뿌리 깊은 천함을 보지 못할 뿐 아니라 마음에 두지도 않습니다. 바로 이것이 진정한 변화이자 참 순결함의 모습이라 할 수 있습니다.

3장

4. 뱀이 여자에게 이르되 너희가 결코 죽지 아니하리라
5. 너희가 그것을 먹는 날에는 너희 눈이 밝아져 하나님과 같이 되어 선악을 알 줄 하나님이 아심이니라
6. 여자가 그 나무를 본즉 먹음직도 하고 보암직도 하고 지혜롭게 할 만큼 탐스럽기도 한 나무인지라 여자가 그 열매를 따 먹고 자기와 함께 있는 남편에게도 주매 그도 먹은지라

사탄의 거짓말로 비롯된 자기 사랑은 하나님의 인도하심에 맡겨 버리는 완전한 자기부인 대신 다른 길로 하나님께 나아가는 유익을 보여 주려고 애씁니다. 하나님께 복종하고 철저하게 자기를 부인(하나님 안에서 자기 뜻을 잃어버린 완전한 결핍 상태)하는 것에서 벗어나면, 결국 모든 것을 알게 되고, 자기 방법에 대한 확신을 얻으며, 죽지 않게 된다는 것입니다.

여자로 대표되는 저차원의 인식 기관에서는 이 과학과 지식의 열매를 봅니다. 그녀의 눈에는 은혜의 숭고함으로 지켜지는 무지한 순결함보다 선악나무의 열매가 훨씬 아름답게 보입니다. 여자는 고차원의 인식 기관을 상징하는 남편에게 이 열매를 가져다줍니다. 그는 이 열매를 받아 맛을 보면서 자기 방법을 취하고, 하나님의 길을 버릴 뿐 아니라 철저한 자기부인을 멀리하

고 현실 속에서 죄를 짓게 됩니다.

7. 이에 그들의 눈이 밝아져 자기들이 벗은 줄을 알고 무화과나무 잎을 엮어 치마로 삼았더라

이들의 눈은 곧 죄로 인해 밝아집니다. 속아 넘어간 이 불쌍한 자들은 혼란에 빠져 자기들이 벗었음을 보게 됩니다. 하나님께서 그들에게 입혀 주신 순결함을 잃어버렸기 때문입니다. 자기의 선은 조금도 없이 그들 안에 있던 모든 것이 하나님께 속한 것이었기에 이제는 수치스러운 벌거벗음만 남아 있습니다. 그들은 이러한 벌거벗음을 견딜 수가 없어서 그리고 하나님 앞에 서기가 두려워서 그것을 가리려고 애씁니다.

8. 그들이 그날 바람이 불 때 동산에 거니시는 여호와 하나님의 소리를 듣고 아담과 그의 아내가 여호와 하나님의 낯을 피하여 동산 나무 사이에 숨은지라

9. 여호와 하나님이 아담을 부르시며 그에게 이르시되 네가 어디 있느냐

아담과 하와는 여기에서 두 가지 명백한 잘못을 저지릅니다. 첫째로 자신들이 타락하자 이를 스스로 부끄러이 여겨 하나님으로부터 멀리 떨어져 있으려 합니다. 두 번째로, 자기 방법에 의지하여 스스로를 가리는 행위로 벌거벗음을 완전히 숨길 수 있다고 착각합니다. 이처럼 잎사귀로 가리는 것은 선을 행하기 위한 연약한 인간적 몸부림에 지나지 않습니다. 타락 이후 하나님을 떠나려는 것은 자기부인의 길을 버리고 인간적인 방법을 다시 붙들고 놓지 않으려는 것과 같습니다. 하지만 끝없이 선하신 하나님께서 이들을 찾아 나서십니다. 방랑하던 이들을 불러 어디 있느냐, 어찌 되었느냐 물으십니다.

11. **이르시되 누가 너의 벗었음을 네게 알렸느냐 내가 네게 먹지 말라 명한 그 나무 열매를 네가 먹었느냐**

주님께서는 이들이 불순종과 오직 하나님께만 속한 지식, 곧 하나님께만 속해야 할 것을 꿰뚫어 알고자 함에서 수치스러운 벌거벗음이 비롯되었음을 알려 주십니다. 뱀은 이들이 이 지식만 가지면 하나님과 같아질 것이라고 했습니다. 하나님께서 우리를 어디로 인도하시는지, 우리를 향한 그분의 비밀한 계획이 무엇인지 알고자 하는 열망은 그분의 권리를 침해하고 모욕하는 것입니다. 반면 그저 맹목적으로 믿고 주님께 나를 던져 버리는 것이야말로 사랑의 가장 확실한 증거이자, 하나님의 것을 하나님께 돌려 드리는 진정한 예배입니다.

17. **아담에게 이르시되 네가 네 아내의 말을 듣고 내가 네게 먹지 말라 한 나무의 열매를 먹었은즉 땅은 너로 말미암아 저주를 받고 너는 네 평생에 수고하여야 그 소산을 먹으리라**
18. **땅이 네게 가시덤불과 엉겅퀴를 낼 것이라 네가 먹을 것은 밭의 채소인즉**

이것이 바로 자기사랑의 유혹을 따른 저차원의 인식 기관의 형벌입니다. 이들의 발뺌으로 인해 땅은 저주를 받게 되었으며, 수고하고 애쓸지라도 매우 조금밖에 열매를 거두지 못하는 운명이 드리워지게 되었습니다. 하나님의 돌보심 아래 무한한 열매를 맺던 아름다운 내면의 목초지는 아담의 손으로 떨어진 후에는 가시덤불 이상을 내지 못하게 되었습니다.

19. 네가 흙으로 돌아갈 때까지 얼굴에 땀을 흘려야 먹을 것을 먹으리니 네가 그것에서 취함을 입었음이라 너는 흙이니 흙으로 돌아갈 것이니라 하시니라

하나님께서는 두 가지 차원의 인식 기관이 영혼의 죽음, 부패함, 흙, 창조 때의 무(無)의 상태로 돌아가기까지 많은 수고와 고통의 형벌을 내리십니다. 그렇게 된 후에야 그로부터 새 피조물을 다시 지으십니다.

22. 여호와 하나님이 이르시되 보라 이 사람이 선악을 아는 일에 우리 중 하나같이 되었으니 그가 그의 손을 들어 생명나무 열매도 따 먹고 영생할까 하노라 하시고

생명나무는 영혼의 자생력을 보존함으로써 내적 죽음을 막고, 이미 들어와 버린 선악을 알게 하는 지식이 있는 상태로 영원히 존재할 수 있게 합니다. 그렇기 때문에 하나님께서는 아담의 삶을 죽음으로부터 막아서는 어떤 지식도 남아 있지 않게 하시기 위해 그를 기쁨의 장소에서 쫓아내십니다.

악에 대한 유일한 치유책은 오직 죽음입니다. 죽음을 통해서만 완전히 감염되어 버린 생명이 버려지고 처음의 의로 받은 신성한 삶으로 다시 들어갈 수 있습니다. 자신에 대해 죽지 않았다면 하나님 안에서 다시 살 수도 없습니다. 종종 절망으로 끝나곤 하는 근심과 염려는 타락 이후에 생겨난 것으로서 바로 거짓 겸손의 결과입니다. 몇몇 잘못이 그토록 자신을 괴롭히고 고민하게 한다면 그 뒤에는 매우 큰 교만과 자기 사랑이 자리하고 있는 것이 분명합니다. 이와 달리 참 겸손의 열매는 심각한 잘못을 저질렀다 할지라도 그런 자신의 내적 빈궁함 속에서 고요함과 평온함을 지키며, 하나님의 은혜로 다시 일어서기 위해 잠잠히 자신을 내어 드립니다. 그리고 이를 이루실 하나님을 기쁘게 해드리기 위해 보다 큰 희생으로 나를 하나님께 순복시키는 것입니다.

4장

13. 가인이 여호와께 아뢰되 내 죄벌이 지기가 너무 무거우니이다

14. 주께서 오늘 이 지면에서 나를 쫓아내시온즉 내가 주의 낯을 뵈옵지 못하리니 내가 땅에서 피하며 유리하는 자가 될지라 무릇 나를 만나는 자마다 나를 죽이겠나이다

자기부인의 길을 버리는 것이 하나님을 피하는 것이 아니고 무엇이겠습니까? 이러한 마음은 모든 인간적인 방법으로 도망자와 같이 떠돌며 이 땅의 무익한 궤도에서 길을 잃어버리게 만들 뿐 아니라, 절대적인 진리 되신 하나님께 우리를 꼭 붙어 있게 하던 완전한 자기부인의 길을 버리게 합니다. 진실로 능하신 보호자로부터 벗어나는 자는 모든 순간마다 대적의 공격에 노출될 뿐입니다.

6장

2. **하나님의 아들들이 사람의 딸들의 아름다움을 보고 자기들이 좋아하는 모든 여자를 아내로 삼는지라**
3. **여호와께서 이르시되 나의 영이 영원히 사람과 함께하지 아니하리니 이는 그들이 육신이 됨이라 그러나 그들의 날은 백이십 년이 되리라 하시니라**

하나님의 아들들이란 영혼 안에 맺힌 하나님의 은혜의 열매입니다. 하나님의 손에 있을 때는 완전히 순결하지만 피조물과 섞이는 순간부터 하나님의 아들들은 한낱 인간으로 전락해 버립니다. 자기 힘으로 뭔가 이루고자 제멋대로 죄성을 따라 헤맵니다. 이로써 은혜로 받은 것들을 죄성 가운데 던지고, 죄의 열매들을 은혜 속으로 던져 버립니다. 하나님께서는 은혜에 대한 이 같은 남용에 분노하시고 은혜를 거둬버리십니다. 그리고 이렇게 말씀하십니다. **나의 영이 영원히 사람과 함께하지 아니하리니 이는 그들이 육신이 됨이라.** 하나님께서 주께 속한 모든 것을 사람으로부터 거두신 결과 이제 피조물에게는 죄의 영향력만 남게 됩니다. 이로 인해 자기 자신을 끔찍이 여겨 스스로를 매우 심하게 미워하기 시작합니다. 마치 자신에게서 벗어나 하나님께 인도해 주는 빛을 한 번도 받지 못한 자처럼 소망에 대해 완전히 절망하게 됩니다.

하지만 사람에게는 시간이 있습니다. 하나님께서는 사람이 한낱 사람으로만 존재하는 때를 줄이십니다. 말씀은 이렇게 증거합니다. **그들의 날은 백이십 년이 되리라.** 이 구절에서 하나님께서는 사람의 타락에 한계를 정해 놓으셨음을 말씀하십니다. 이 한계 때문에 사람은 하나님께 신실한 자로 서고자 하는 열망을 가지고 끊임없이 자기를 부인하며 하나님께 자신을 내어 드리는 길로 나아갑니다. 완전히 나를 부인하고 자아를 떠나보내는 그날에 대한 소망이야말로 사람이 범죄 이후에도 담대할 수 있는 근원입니다.

4. 당시에 땅에는 네피림(거인)이 있었고 그 후에도 하나님의 아들들이 사람의 딸들에게로 들어와 자식을 낳았으니 그들은 용사라 고대에 명성이 있는 사람들이었더라

사람의 것이 거룩한 것과 혼합되기 시작할 때 교만이라는 거인과 괴물이 생겨납니다. 세상에서 명성이 있는 위대한 사람들은 육적 지혜의 승리는 가졌어도 미약한 영성 속에 눈이 가려진 자들입니다. 얼마나 끔찍한 괴물들인지요! 우리는 종종 타고난 재능과 영적 격언(spiritual maxims)에 대한 지식으로 스스로를 높이며 하늘까지 높아진 거인 같은 사람들을 보게 됩니다. 이들은 큰 명성과 비범함을 지닌 사람들이지만, 죄성과 은밀한 교만 속에 갇혀 있습니다. 반면 자기부인을 통해 완전히 소멸된 사람들은 오히려 사람들에게 알려지지 않은 평범한 자들입니다. 자신을 이 땅에서 쓸모없는 자로 여기며, 거인들의 모욕 아래 짓밟히고, 거인 옆에서 개미로 밖에 보이지 않는 자들이 어떻게 그 속에서 눈에나 띌 수 있겠습니까?

오 주님, 당신은 교만한 자를 대적하시고 겸손한 자에게 은혜를 베푸시는 분입니다. 주님께서는 은혜를 담을 만한 작은 골짜기에 풍성히 물을 내려

주시는 분입니다. 하지만 저 거만하고 화려한 산들은 자신이 내려 받는 물의 마지막 한 방울조차 그저 작은 골짜기들에 흘려보내기 위해 받을 뿐입니다. 이처럼 스스로를 은혜에 합당치 않다고 고백하는 자들에게는 언제나 넘치는 은혜가 임하기 마련입니다.

5. 여호와께서 사람의 죄악이 세상에 가득함과 그의 마음으로 생각하는 모든 계획이 항상 악할 뿐임을 보시고
6. 땅 위에 사람 지으셨음을 한탄하사 마음에 근심하시고
7. 이르시되 내가 창조한 사람을 내가 지면에서 쓸어버리되 사람으로부터 가축과 기는 것과 공중의 새까지 그리하리니 이는 내가 그것들을 지었음을 한탄함이니라 하시니라

여기 실로 놀라운 내용이 기록되어 있습니다. 하나님께서 한탄하고 마음에 근심하기도 하시다니! 이를 통해 우리는 하나님의 은혜로 이루어진 것들이 남용되는 것을 주께서 얼마나 증오하시고, 육과 영의 혼합을 얼마나 불쾌하게 여기시는지 알 수 있습니다. 하나님께서는 자신의 은혜를 사람에게 주시고자 하는 큰 열망을 가지고 계시며, 그 손에는 이미 사람에게 쏟아 부을 은혜가 준비되어 있습니다. 그분의 넘치는 사랑은 은혜를 아낌없이 주고 싶어 하십니다.

하지만 하나님이 사람에게 허락하신 자유가 큰 만큼 하나님의 은혜를 남용하는 것은 그분의 마음을 애통하고 상하게 합니다. 왜일까요? 주님은 마음의 가장 깊은 중심에서 모든 사람들을 끌어안으시는 분입니다. 그렇기에 우리의 배은망덕과 은혜의 남용은 하나님의 마음을 가장 아프게 하는 행위입니다. 이 같은 은혜의 남용으로 인해 하나님께서는 자신이 사람에게 주신 모든 것을 다시 가져가십니다. 또한 사람 안에 이루신 모든 일을 멸절시키시고자 은총을 베푸시던 팔로 보복의 칼을 잡으십니다. 오, 은혜를 모르는 사람이여, 바로 너의 교만함이 창조주를 보복의 하나님으로 만들고, 큰 것에서부터 작은 것을 모두 멸하시게 만들고 있다!

8. 그러나 노아는 여호와께 은혜를 입었더라
9. 이것이 노아의 족보니라 노아는 의인이요 당대에 완전한 자라 그는 하나님과 동행하였으며

하나님은 온 세상에서 하나님 앞에서 은혜를 입은 단 한 사람, 순전하고 작은 자를 발견하십니다. 무엇 때문에 노아는 이렇게 은혜를 입었을까요? 말씀은 한 마디로 그 이유를 대변합니다. 바로 **의인**이었기 때문입니다. 노아가 가지고 있던 의는 노아로 하여금 하나님께 속한 것을 그분으로부터 강탈하지 않고, 범죄자이자 부정한 다른 사람들의 죄에 참여하지 않도록 그를 지켰습니다. 당시의 죄인들은 죄성과 타락함과 비참한 동맹을 맺기 위해 하나님의 소유를 훔친 자들입니다.

말씀은 노아를 **당대에 완전한 자**라고 전합니다. 어디에서 이 완전함이 왔을까요? 그는 **하나님과 동행한** 자였습니다. 노아는 하나님께 자신을 내어드리고, 주님의 행하심을 따라 그 길에서 떠나지 않았으며, 주님의 임재로 자기를 가득 채웠던 사람입니다. 바로 이것이 노아의 완전함이었고, 전심으로 이 길을 걷고자 하는 모든 그리스도인들 안에서 이루어지는 일입니다. 하지만 이와 달리 하나님을 망각하고 자기 뜻을 따라 홀로 행하고자 하는 인간적 열심은 모든 악의 근원이자 사람을 잃게 만듭니다.

13. 하나님이 노아에게 이르시되 모든 혈육 있는 자의 포악함이 땅에 가득하므로 그 끝 날이 내 앞에 이르렀으니 내가 그들을 땅과 함께 멸하리라

땅에 있는 자들이 죄를 범했다는 것은 자신에게 주어진 육체를 남용하여 영의 지배를 받게 하는 대신 죄를 섬겼다는 뜻입니다. 하나님께서는 육체를 형벌의 도구로 사용하셔서 **땅과 함께** 사람을 벌하십니다. 또한 의로운 법령으로 사람을 구원하시고자 정욕의 먹이가 되도록 허락하심으로 종종 죄를 죄 자체로 벌하기도 하십니다. 시편 기자는 이에 관해 다음과 같이 기록하였습니다. “그러므로 내가 그의 마음을 완악한 대로 버려 두어 그의 임의대로 행하게 하였도다.”

22. 노아가 그와 같이 하여 하나님이 자기에게 명하신 대로 다 준행하였더라

하나님 자신이신 구원의 방주에 들어가기 전에 우리는 먼저 그분의 명을 다 준행하고, 외적 행위뿐 아니라 영과 생명의 법을 준수함을 통해서만 얻을 수 있는 내적 정결함을 지녀야 합니다. 이를 위해선 주님의 모든 뜻에 순종해야 합니다.

7장

1. 여호와께서 노아에게 이르시되 너와 네 온 집은 방주로 들어가라 이 세대에서 네가 내 앞에 의로움을 내가 보았음이니라

온 세상에서 하나님 자신을 의미하는 **방주**에 들어가기에 합당한 의인은 오직 한 명입니다. 우리들 중에도 여전히 많은 사람들이 자기는 하나님 안에 있다고 믿습니다. 하지만 그 안에 들어가기 위해서는 의로워야 합니다. 의로움은 하나님으로부터 어떤 것도 강탈하지 않고, 하나님의 하나님 되심과 하나님께 속한 모든 것들을 하나님의 손에 맡겨 드리며, 오직 자신의 무가치함 가운데 머무는 것입니다. 바로 이것이 하나님과 가장 친밀한 연합 안으로 들어가게 하는 의(義)입니다.

12. 사십 주야를 비가 땅에 쏟아졌더라
20. 물이 불어서 십오 규빗이나 오르니 산들이 잠긴지라
21. 땅 위에 움직이는 생물이 다 죽었으니 곧 새와 가축과 들짐승과 땅에 기는 모든 것과 모든 사람이라
22. 육지에 있어 그 코에 생명의 기운의 숨이 있는 것은 다 죽었더라
23. 지면의 모든 생물을 쓸어버리시니 곧 사람과 짐승과 기는 것과 공중

의 새까지라 이들은 땅에서 쓸어버림을 당하였으되 오직 노아와 그와 함께 방주에 있던 자들만 남았더라

이것은 우리 내면의 인간적이고 자연적인 모든 것들이 비탄과 애통함의 물속에 완전히 잠겨버리는 아름다운 모습입니다. 이 가운데 영혼의 뿌리를 상징하는 **노아만이 구원을 받아** 하나님 안으로 들어갑니다. 물은 가장 높은 산들의 정상까지 올라야 합니다. 그래야만 영혼의 능력까지도 완전히 덮을 수 있기 때문입니다. 비록 매우 괴롭고 고통스러운 과정이긴 하지만, 한 가지 기뻐할 사실은 이로 인해 죄인과 함께 죄가 잠겨 버리고, 상실과 소멸을 통해 사람이 완전히 의롭게 되어 그 안에는 **오직 의(義)만 남아 있게 된다**는 것입니다.

대홍수는 시대의 정욕과 소란(騷亂)을 드러냅니다. 방주 되신 하나님 안에 안전히 거하는 자만이 살고 그 외의 모든 것들은 홍수와 함께 잠겨 버립니다. 남은 자는 극소수지만 그 안에는 각각의 성별과 세대, 환경으로부터 온 모든 부류가 포함되어 있습니다.

이 방주는 바로 교회의 모습이기도 합니다.

8장

1. **하나님이 노아와 그와 함께 방주에 있는 모든 들짐승과 가축을 기억하사 바람을 땅 위에 불게 하시매 물이 줄어들었고**
2. **깊음의 샘과 하늘의 창문이 닫히고 하늘에서 비가 그치매**
3. **물이 땅에서 물러가고 점점 물러가서 백오십 일 후에 줄어들고**
4. **일곱째 달 곧 그달 열이렛날에 방주가 아라랏 산에 머물렀으며**

하나님은 유일하게 남겨두신 영혼의 뿌리이자 중심부를 홍수 속에서도 반드시 **기억하십니다.** 그런데 왜 말씀에서는 노아와 그와 함께한 들짐승만을 언급할 뿐 그의 가족에 관해서 이야기하지 않았을까요? 그 이유는 가족도 이미 노아 안에 포함되어 있으며, 모든 것이 노아 안에서 구원을 받았기 때문입니다. 이처럼 영혼의 가장 고귀한 산출물은 영혼의 중심부를 통해 구원을 받습니다. 하지만 홍수의 기간에 영혼은 자신의 중심부뿐 아니라 모든 작동 능력마저 잃어버리게 됩니다. 모든 것이 갑자기 끝나 버리고 삼켜져서 그 기능들마저 모두 잃어버린 것처럼 보이는 시기입니다. 하지만 하나님께서 이러한 상실을 허락하시는 이유는 참 구원을 위해서입니다. 주님은 오직 영혼을 통해 다른 모든 것들을 구원하십니다. 따라서 영혼과 이에 관계된 것들 간의 별다른 구분이 없는 것이지요.

하나님께서는 또한 **모든 들짐승을 기억하십니다.** 동물로 표현되는 하위 기관에 속한 모든 것을 무기력과 황폐함으로부터 구해내시는 것이지요.

그 후 홍수가 그칩니다. 여기에서 나오는 물의 범람은 은혜의 물이 아닙니다. 이것은 진노와 노여움의 물이자 복수의 급류입니다. 하지만 내 하나님의 선하심이 어찌 그리 크신지요! 주는 오직 범죄자의 죽음만을 허락하십니다. 주께서는 뿌리와 가지로부터 오직 죄만을 멸하십니다. 당신께서 때로 압도하시는 이유는 오직 참 공의 안에 의를 지키시기 위함입니다. 영혼 안에 전해진 아름다운 신성의 일부는 타락한 본성과 이를 둘러싼 죄에 의해 일그러진 상태입니다. 홍수는 타락한 본성 안에 있는 악만을 잠기게 하기 위해 내립니다. 하나님께서는 그분으로부터 말미암은 모든 선한 것을 지키십니다. 방주 안에서 구원 받은 들짐승들이 이를 보여 주지요.

하지만 하나님은 어떻게 홍수를 멈추시고, 또 무엇을 통해 멈추실까요? 바로 그분은 생기를 주는 성령의 **바람**을 보내사 모든 죄악의 물을 말려 버리십니다. "오 주님, 주의 영을 보내어 저희를 창조하사 지면을 새롭게 하시나이다."

이 구원의 바람이 영혼에게 불어와 흔들 때 처음에는 이것이 구원의 바람인지 파멸의 바람인지 구별할 수가 없습니다. 그러다가 갑자기 **방주가 아라랏 산에 머문 것**을 보고 놀라게 됩니다. 평화와 평온함은 영혼의 가장 높은 고지에서 시작됩니다. 그곳에 하나님께서는 지혜의 광선으로 자신을 나타내기 시작하십니다. 이때 영혼은 어느 곳 하나 의지할 데 없이 모든 것을 잃었지만, 그 속에서도 구원의 소망이 있음을 발견하게 됩니다.

6. 사십 일을 지나서 노아가 그 방주에 낸 창문을 열고

7. 까마귀를 내놓으매 까마귀가 물이 땅에서 마르기까지 날아 왕래하였

더라

까마귀는 자기 뜻으로 가득해서 마주치는 상황마다 멈춰버리는 영혼을 상징합니다. 그에게는 모든 것이 안락함이 되어줄 수 있을지는 몰라도, 이런 안락함은 얼마 지나지 않아 불안정성을 드러내는 기만적인 안락일 뿐입니다.

8. 그가 또 비둘기를 내놓아 지면에서 물이 줄어들었는지 알고자 하매
9. 온 지면에 물이 있으므로 비둘기가 발붙일 곳을 찾지 못하고 방주로 돌아와 그에게로 오는지라 그가 손을 내밀어 방주 안 자기에게로 받아들이고

비둘기는 하나님 안에서 자기를 부인하고 변화된 영혼을 상징합니다. 이런 자는 하나님 안에 머물다가 거기서 나와 주의 뜻을 듣고 외부 세계로 나아옵니다. 이제 노아는 하나님과 동일시되는 신비로운 안식으로부터 나와 이웃을 위한 선을 행하기 위해 비둘기를 바깥세상으로 날려 보냅니다. 하지만 땅 위에는 아무것도 없었기 때문에 비둘기는 발붙일 곳이나 의지할 데라고는 전혀 없음을 발견하고는 어느 곳에서도 멈추지 않고 다시 신비로운 휴식으로 돌아옵니다. 그러면 노아는 손을 내밀어 다시 비둘기를 하나님 안으로 받아들입니다. 이 비둘기는 바로 땅 위에서 어떤 것도 발견하지 못하는 영혼의 소멸 상태(annihilated state)를 상징합니다.

10. 또 칠 일을 기다려 다시 비둘기를 방주에서 내놓으매

완전히 죽는 데 필요한 기간을 상징하는 **칠 일이 지난 후**에 다시 비둘기를 **방주에서 내보냅니다.** 이제야 방주에서와 같이 안식할 처소를 발견하게 되고, 이것은 어느 곳에서나 하나님을 발견할 수 있게 되었음을 의미합니다. 비둘기는 어느 한 곳에 머물지 않고 어디서나 안식을 누리게 됩니다. 이것이 바로 사도적인 삶입니다.

11. 저녁 때에 비둘기가 그에게로 돌아왔는데 그 입에 감람나무 새 잎사귀가 있는지라 이에 노아가 땅에 물이 줄어든 줄 알았으며

이제 비둘기는 자신을 위해 무언가를 보류하지 않고 어딘가에서 발견한 평안의 흔적만을 가진 채 **노아에게 돌아옵니다.** 이처럼 사도적 삶은 하나님을 위해 행한 것들 중에서 아무것도 자기를 위해 남기지 않고, 다만 놀라운 성실함으로 하나님께 **감람나무 잎사귀**를 드립니다. 이때 비로소 노아를 비롯하여 방주 속에 갇혀 있던 자들이 안전함 가운데로 나아오게 됩니다. 이들은 이제 더 이상 홍수로부터 자신을 보호할 필요가 없습니다. 모든 것 속에 확실한 구원이 있기에 더 이상 피조된 것들에 의지할 필요가 없게 되었지요. 이제 **물이 줄어든 줄**을 깨닫게 된 영혼에게 자기 스스로 위태로이 주님을 배역하기 전에는 이 땅에서 더 이상 두려워할 것이 없습니다. 이 단계에서는 사실상 불신앙에 마음을 내어주는 것 자체가 어렵지요.

15. 하나님이 노아에게 말씀하여 이르시되
16. 너는 네 아내와 네 아들들과 네 며느리들과 함께 방주에서 나오고

이것은 하나님께 자신을 온전히 내어 맡기고 그저 자기부인의 방주 안에 안식하기만을 구하는 자들을 위한 주님의 돌보심을 상징합니다. 하나님께서는 때에 따라 우리가 알 바를 가르치십니다. 그렇기 때문에 노아가 비둘기를 내어 놓은 행위가 상징하는 바를 배제한다면 이 행위는 하나님 앞에서 덧없고 불쾌한 것으로 보일 수도 있습니다. 주님의 명에 따라 신비의 휴식 곧 하나님의 방주 안에 있는 영혼들이여, 주님의 명이 아니라면 그 안에서 나오지 않는 것을 배우십시오. 주님의 명령을 따르는 사도적 삶을 사는 자들에게는 주님의 공급하심이 순간순간 인도하십니다.

20. 노아가 여호와께 제단을 쌓고 모든 정결한 짐승과 모든 정결한 새 중에서 제물을 취하여 번제로 제단에 드렸더니
21. 여호와께서 그 향기를 받으시고 그 중심에 이르시되 내가 다시는 사람으로 말미암아 땅을 저주하지 아니하리니 이는 사람의 마음이 계획하는 바가 어려서부터 악함이라 내가 전에 행한 것같이 모든 생물을 다시 멸하지 아니하리니

이때부터 영혼의 **희생** 제사는 하나님께서 **받으시는 향기**를 지니게 됩니다. 그 안에는 부정하거나 순결하지 않은 것이 전혀 없습니다. 우리가 사도적 삶으로 들어가기 전의 상태인 거룩한 휴식을 상징하는 방주 속에 있을 때는 모든 것이 죽은 상태입니다. 따라서 **희생**을 드리지 않지만, 자유의 때가 오면 그때 **희생**을 드립니다. 이 **희생**은 이전에는 없던 것으로, 하나님께서 받으시는 향기를 지니고 있지요. 성경에도 이 사건 전에 있었던 희생 제사에 대해서 하나님 앞에서 좋은 향기를 지녔다는 기록이 없습니다. 이처럼 정결하고 순전한 희생의 향기는 하나님께 너무도 흡족한 제사가 됩니다. 이로 인해 주님께서는 북받치듯 이렇게 약속하십니다. **내가 다시는 땅을 저주하지 아니하리라.** 영혼의 작은 과실은 더 이상 하나님을 불쾌하게 만들지 못합니다. 그는 순결하고 악의를 품지 않지만, 이제는 태생적인 연약함만 남아 있을 뿐이지요. 첫 생명이 타락하기 이전 상태에 가졌던 순결함처럼 고결한 생명은 이제 더 이상 빼앗길 수 없으며, 그 생명은 이제 내 안에 거하게 됩니다.

9장

1. **하나님이 노아와 그 아들들에게 복을 주시며 그들에게 이르시되 생육하고 번성하여 땅에 충만하라**

하나님께서는 영혼들이 예수 그리스도와 공의와 속사람에 이르기까지 승리할 수 있도록 **땅에서 번성**하게 하십니다.

2. **땅의 모든 짐승과 공중의 모든 새와 땅에 기는 모든 것과 바다의 모든 물고기가 너희를 두려워하며 너희를 무서워하리니 이들은 너희의 손에 붙였음이니라**
3. **모든 산 동물은 너희의 먹을 것이 될지라 채소같이 내가 이것을 다 너희에게 주노라**

홍수가 지나고 사람은 순결함의 상태를 회복하게 됩니다. 이로부터 **모든 동물**을 다스릴 수 있는 **권세**와 더불어 **모든 것을 먹을 수 있는 자유**를 누리게 됩니다.

4. 그러나 고기를 그 생명 되는 피째 먹지 말 것이니라

이전에 지식의 열매를 먹지 말라고 하셨다면, 이제는 고기를 먹지 말라는 새로운 계명이 주어집니다. **"고기를 그 생명 되는 피째 먹지 말고"**라 함은 피도 따로 마시지 말라는 명령입니다. 살과 피의 나뉨은 영과 감각의 분리를 의미합니다. 이 둘은 하나님의 완전한 질서에 따라 정결케 되는 과정이 있기 전에는 결코 합일되어서는 안 됩니다.

9. 내가 내 언약을 너희와 너희 후손과 (세운다)

하나님께서는 사람을 하나님과 같이 변화시키시는 가장 친밀한 연합을 통해 사람과 언약을 세우십니다. 이것은 더 이상 파할 수 없는 영적인 결혼입니다.

따라서 하나님께서는 이 언약의 증거와 징표를 주시고 이를 하늘에 두십니다. 하나님의 손으로 말미암아 요동치 않게 된 영혼은 모든 것 가운데 강건해져서 더 이상 홍수를 두려워하지 않게 됩니다. 이러한 변화는 불변하는 하늘과 같이 영혼을 매우 견고하게 만들어 모든 공격으로부터 지켜줍니다.

12. 하나님이 이르시되 내가 나와 너희와 및 너희와 함께하는 모든 생물 사이에 대대로 영원히 세우는 언약의 증거는 이것이니라

이러한 요동치 않음은 연합과 변화 안에 있는 영혼의 불변의 상태입니다.

13. 내가 내 무지개를 구름 속에 두었나니 이것이 나와 세상 사이의 언약의 증거니라
14. 내가 구름으로 땅을 덮을 때에 무지개가 구름 속에 나타나면

외부에서 들어오는 공격 때문에 **구름 속에 덮일지라도** 영혼을 요동치 않게 하는 **징표**는 결코 사라지지 않습니다. 오히려 구름 속에서 더욱 선명해집니다. 이러한 이유로 무지개는 오직 구름 속에서만 나타나는 것입니다. 이것은 변화에 대한 확실한 증거입니다. 이 증거에 이르지 못한 사람들은 인생의 굴곡을 만날 때면 그 안에 있는 요동치 않는 안정감이 없다는 것이 금새 드러납니다.

20. 노아가 농사를 시작하여 포도나무를 심었더니

노아는 죄로 인해 황폐해지고 범람하는 물속에 잠겨 버린 이 땅을 경작하러 오시는 우리 주 예수 그리스도의 모형입니다. 주님께서는 불모의 땅으로 하여금 다시 열매 맺게 하시고, 외형적인 것들도 모든 선한 것에 속할 수 있는 길을 주십니다. 그렇다면 주님께서는 어떻게 이 땅을 경작하시고, 그곳에 무엇을 심으실까요? 바로 자비의 모형인 **포도나무**입니다. 예수 그리스도께서는 모든 것을 버리고 하나님 안에 거하게 된 영혼 안으로 들어오셔서 신비한 방법으로 육체가 되신 후에 그곳에 **포도나무**를 심으십니다. 즉 신랑으로서 그곳에 자비를 내리십니다. 포도가 다른 이에게 줄 것을 가지고 있지만 스스로는 아무것도 취하지 않듯이, 완전한 자비는 자비로 채워진 사람을 다시 비워내고, 그로 하여금 나누지 못할 것은 소유하지 않게 만듭니다.

21. 포도주를 마시고 취하여 그 장막 안에서 벌거벗은지라

예수님께서는 그분이 계신 놀라움의 장소에 영혼을 동참시키기 위해 영혼 안으로 들어오십니다. 예수님께서 **포도주를 마시십니다.** 잔에 담긴 포도주를 마시고 취하십니다. 이것은 두 가지 방법으로 해석할 수 있습니다. 그 중 첫 번째는 그분이 견디신 수치가 가득 담긴 잔을 의미합니다. 둘째로, 인간들의 죄에 대한 하나님의 진노의 포도주가 그 위에 부어졌음을 의미합니다. 예수님께서는 이 무시무시한 잔이 지나가게 해 주시기를 아버지께 구하셨습니다. "이 잔을 내게서 지나가게 하옵소서. 그러나 나의 원대로 마옵시고 아버지의 원대로 하옵소서."

주님께서는 자신의 고난이 두 가지, 즉 두 개의 포도주가 잔에 부어졌다고 보셨습니다. 그중 하나는 수치와 고통입니다. 이것을 가득 채우고자 하신 주님은 제자들에게 이렇게 증거하셨습니다. "내가 고난을 받기 전에 너희와 함께 이 유월절 먹기를 원하였노라." 유월절에 주님께서는 이 첫 번째 잔을 마시고 취하시고 앞으로 다가올 일을 기다리기만 하셨습니다. 다른 잔은 바로 성전 뜰로부터 온 잔, 곧 인간의 죄 위에 부어지는 하나님의 무서운 진노였습니다. 주님께서 이 잔을 마시자 그 포도주는 피로 변하였습니다. 온 몸을 통해 피를 흘리시는 주님의 외침이 들리는 듯합니다. "오, 영원하신 아버지여, 범죄함을 보수하시는 공의로우신 하나님, 세상의 죄는 참으로 질책과 분노를 불러일으킵니다. 하지만 아버지의 잔을 마시고 나의 피를 쏟으오니 이 피로 저들에게 드리워진 진노를 거두옵소서! 첫 번째 잔, 고통의 잔을 나의 택하고 사랑하는 자들에게 전하시옵소서. 오직 이들에게 '너희는 마시라, 나의 친구들이여 취하라' 말하였음이니다. 하지만 아버지의 진노의 잔은 내가 마시오니 오직 죄만을 멸하고 죄인은 구하옵소서."

예수 그리스도께서 육이 완전히 소멸된 영혼 안으로 들어오시면, 그는 더 이상 자신을 위해 살지 않고 오직 홀로 살아계신 분 안에서 살게 됩니다. 주님께서는 그의 열정 안에 비어 있던 부분을 채우시며, 주님의 열정과 동일한 열정을 담은 첫 번째 잔으로 영혼을 취하게 하십니다. 하지만 택한 영혼을 위해 마지막 잔을 남겨 두시고, 두 번에 걸쳐 이 잔을 마시게 하십니다. 첫째 잔을 통해 주님께서는 영혼 안에 있던 자아의 합당함을 끝내고 소멸시키십니다. 이때 영혼은 하나님의 진노만을 경험하게 됩니다. 영혼이 또 하나의 그리스도가 되었을 때 그는 두 번째 잔을 마십니다. 이것은 예수 그리스도께서 하신 바와 같이 다른 이들의 죄를 향한 격노하심의 잔을 마르게 합니다. 하나님께서는 우리의 이웃이 고난을 받기 전에 먼저 우리에게 동의를 구하십니다. 이때 영혼은 하나님의 공의와 그 뜻을 향해 자신을 희생 제사로 드리게 됩니다.

노아가 취한 상태에서 보여 준 **벌거벗음**은 고통, 수치와 불명예에 취한 자들과 하나님의 진노의 잔을 들이킨 자들이 거해야 할 벌거벗음의 상태를 의미합니다. 하나님께서는 이러한 자들에게 혼란을 초래할 수 있는 것을 가리는 감각적이고 눈에 띄는 모든 은혜와 은사, 거룩한 관계들과 같은 모든 의복을 완전히 벗겨 내십니다. 그러면 자신뿐 아니라 다른 사람들의 눈앞에 부끄럽게 벗겨진 자기 모습이 드러나게 됩니다. 이러한 사람에게는 이제 연약함과 무력함만이 보일 뿐입니다. 풍성한 은혜는 하나님의 힘으로 벗겨지고, 그 뒤에 숨겨져 있던 모든 비참함들이 드러나고, 결국은 모든 피조물의 눈앞에 가장 비참한 상태로 나타나게 됩니다. 이것이 바로 갈보리의 예수 그리스도의 모습이었습니다. 그분은 수치와 불명예의 잔을 취하는 것에 만족하지 않으시고 기꺼이 벌거벗음을 당하셨습니다. 보기에도 수치스러운 이러한 외적인 벌거벗음은 그 영혼의 벌거벗김의 모형입니다. 그 거대한 수치로 주님께서는 이렇게 외치셨습니다. "나의 하나님, 나의 하나님, 어찌하여 나를 버리시나이까?" 나의 생명을 유지시켜 주시는 유일하신 분인 당신께서 왜 나를 버리셨습니까? 희생 제물 상태에 있는 영혼들의 벌거벗음의 본이셨던 주님만이 오직 그들의 위로가 되실 수 있습니다.

22. 가나안의 아버지 함이 그의 아버지의 하체를 보고 밖으로 나가서 그의 두 형제에게 알리매

23. 셈과 야벳이 옷을 가져다가 자기들의 어깨에 메고 뒷걸음쳐 들어가서 그들의 아버지의 하체에 덮었으며 그들이 얼굴을 돌이키고 그들의 아버지의 하체를 보지 아니하였더라

벌거벗음의 상태에 놓인 영혼을 바라보는 두 부류의 사람이 있습니다. 어떤 이는 강했던 사람이 이처럼 약해진 것을 보고 함과 같이 비웃고 조롱하여 하나님의 성령을 훼방합니다. 반면 다른 부류의 사람들은 **자신이 걸치고 있는 자비의 옷으로 그들을 덮습니다.** 자기 역시 진토로 지어졌음을 기억하고 이들의 과실을 용서합니다. 전자의 사람들이 만용을 부리다가 형벌을 받는 반면, 후자의 사람들은 하나님의 복을 받습니다. 우리는 용서할 수 있는 모든 것을 용서하고, 엄위의 자리에 서기보다 자비에 기대야 합니다.

11장

1. 온 땅의 언어가 하나요 말이 하나였더라

이것은 바로 홍수로부터 구원을 받은 영혼들의 공통적인 모습입니다. 이들은 하나님으로부터 배운 하나의 언어만을 말합니다. 하나의 언어만을 가지는 이유는 이들 안에서 말씀하시는 분이 한 분 성령님이기 때문입니다.

4. 또 말하되 자, 성읍과 탑을 건설하여 그 탑 꼭대기를 하늘에 닿게 하여 우리 이름을 내고 온 지면에 흩어짐을 면하자 하였더니

이는 자신의 힘으로 거룩하고자 애쓰며, 자연적인 노력으로 거룩에 이를 수 있다고 믿는 자들의 모습입니다. 이들은 자신의 실수를 인지하지 못합니다. 매우 미묘한 교만을 가진 자들이 모여 행위에 행위를 거듭 쌓으며, 이는 스스로의 거룩을 위함이라고 말하지요. 이들은 자기 힘으로 무엇이든 찾으려 애쓰고, 무엇을 하고 있는지도 모른 채 하나님을 조종하려고 합니다. 그래서 말씀은, 벽돌과 역청으로 쌓아 올린 이것이 인간의 창작물임을 보이고 있습니다.

5. 여호와께서 사람들이 건설하는 그 성읍과 탑을 보려고 내려오셨더라

하나님께서는 이들의 만용을 **보려고** 내려오십니다. 이것은 하나님께서 만들지 않은 헛된 역사이자, 망상이 만들어낸 작품이었습니다.

7. 자, 우리가 내려가서 거기서 그들의 언어를 혼잡하게 하여 그들이 서로 알아듣지 못하게 하자 하시고

하나님께서는 이들의 언어를 바꾸어 버리십니다. 이들은 행위의 단일성에서 떠났기에 말의 단일성에서도 떠나게 됩니다. 하나님께서 이들로 순결한 언어를 잃어버리게 하신 이상 함께 일을 진행한다는 것은 불가능한 일이 되었습니다. 이것이 바로 분쟁과 혼잡의 시작이었습니다. 이기심으로부터 비롯된 행위는 내면의 모든 분쟁과 혼잡함의 씨앗이 됩니다. 단순하고 유일무이한 하나님의 언어를 잃어버린 사람들은 이제 모두 서로 다른 말을 하기 시작합니다.

8. 여호와께서 거기서 그들을 온 지면에 흩으셨으므로 그들이 그 도시를 건설하기를 그쳤더라

9. 그러므로 그 이름을 바벨이라 하니 이는 여호와께서 거기서 온 땅의 언어를 혼잡하게 하셨음이니라 여호와께서 거기서 그들을 온 지면에 흩으셨더라

이때부터 이들은 더 이상 연합할 수가 없습니다. **여호와께서 그들을 온 지면에 흩으셨으므로** 어떤 일도 진행시킬 수 없을 뿐 아니라, 서로 의사소통도 할 수 없고 하나님을 들을 수도 없게 된 것이지요. 결국 모든 것을 **그칠 수 밖에 없게** 됩니다. 하나님께서는 이들에게서 멀어지시고, 인간의 자의적인 행위로 말미암아 초래된 내적 **혼잡함** 때문에 이들을 온 지면에 **흩어버리십니다.** 하나님의 명에 따라 지어진 방주는 평안의 처소였지만, 사람에 의해 지어진 **바벨**은 분쟁과 혼잡함의 거처였습니다.

29. **아브람과 나홀이 장가 들었으니 아브람의 아내의 이름은 사래며 나홀의 아내의 이름은 밀가니 하란의 딸이요 하란은 밀가의 아버지이며 또 이스가의 아버지더라**
30. **사래는 임신하지 못하므로 자식이 없었더라**

사래가 자신의 고향에 있을 적에는 **임신하지 못하였듯이,** 자아 안에 머무는 영혼은 열매를 맺을 수 없습니다.

12장

1. 여호와께서 아브람에게 이르시되 너는 너의 고향과 친척과 아버지의 집을 떠나 내가 네게 보여 줄 땅으로 가라

이것은 자아를 **떠나**라는 영혼을 향한 부르심입니다. 하나님께서는 마음 깊은 곳을 향해 **말씀하시며** 영혼이 거할 다른 **땅**을 보여 주십니다. 우리가 온전히 **떠남**으로 주를 신실하게 따를 때 하나님께서는 친히 그곳으로 인도하십니다.

2. 내가 너로 큰 민족을 이루고 네게 복을 주어 네 이름을 창대하게 하리니 너는 복이 될지라

하나님께서는 영혼에게 또 다른 약속을 주십니다. 하나님 안에서의 안식을 상징하는 그 땅에 다다르게 되면 **큰 나라를 소유하고 영화롭게 될 것**이라는 약속입니다. 주님은 오직 자기부인을 통해 나를 떠나 하나님 안에 거하며 완전함 가난함 속에 하나님께서 나를 인도하시도록 내어드리기를 기다리십니다.

3. 너를 축복하는 자에게는 내가 복을 내리고 너를 저주하는 자에게는 내가 저주하리니 땅의 모든 족속이 너로 말미암아 복을 얻을 것이라 하신지라

하나님께서 자기를 떠나 주님 안에 거하는 자들을 어떻게 돌보고 손으로 보호하시며, 이들로 인해 얼마나 많은 자들에게 자비를 베푸시는지, 이들과 연합한 자들에게 얼마나 많은 복을 내리시는지 안다면 정말 놀랄 수밖에 없습니다! 이것은 너무도 실제적이고 정확합니다. 이러한 인도하심을 경험한 자들은 수천 년 전부터 이처럼 정확한 질서가 있다는 것에 매료되곤 하지요.

4. 이에 아브람이 여호와의 말씀을 따라 갔고 롯도 그와 함께 갔으며 아브람이 하란을 떠날 때에 칠십오 세였더라

아브람의 완전한 순종은 영혼이 자기에게서 나와 하나님을 따르는 데 필요한 충실함과 민첩함을 보여 줍니다.

7. 여호와께서 아브람에게 나타나 이르시되 내가 이 땅을 네 자손에게 주리라 하신지라

비록 사람의 생각대로 나타나지 않을지라도 하나님의 약속은 반드시 이루어집니다. 내면에 말씀과 약속을 받은 자들은 이 길을 가는 동안 처음부터 끝까지 멈추지 말고, 판단하지도 말며, 어떤 해석도 내리지 말아야 합니다. 약속의 말씀의 실재는 오직 하나님께만 있으며, 약속이 성취될 때에야 비로소 우리에게도 실재가 됩니다. 이 모든 과정은 종종 우리의 예상과는 어긋나곤 하지요.

7. **자기에게 나타나신 여호와께 그가 그곳에서 제단을 쌓고**
8. **거기서 벧엘 동쪽 산으로 옮겨 장막을 치니 서쪽은 벧엘이요 동쪽은 아이라 그가 그곳에서 여호와께 제단을 쌓고 여호와의 이름을 부르더니**
9. **점점 남방으로 옮겨갔더라**

여호와께서 나타나신 곳에 아브람이 쌓은 제단은 하나님께서 주신 모든 은혜에 우리도 제사를 드려야 함을 가르쳐 줍니다. 아브람은 하나님께서 은혜를 베푸신 바로 그 장소에서 성실함으로 보답합니다. 하지만 아브람처럼 행하는 자는 매우 소수입니다. 대부분은 하나님께로부터 받은 은혜를 자기 노력으로 이룬 줄로 착각하지요. 그리고는 하나님께서 은혜를 거두어 가시면 종종 괴로워하며 마치 내 것을 빼앗긴 것처럼 불평을 늘어놓습니다. 하나님께서는 본래 하나님께 속하였던 것들만 가져가셨을 뿐인데 말입니다. 내 것인 줄로 착각하지 않는다면 하나님께서 호의를 거두어 가실지라도 전혀 개의치 않을 뿐 아니라, 은혜를 받는 데서 멈추지 않고 주신 분께 다시 돌려 드릴 것입니다. 참으로 많은 사람들이 위로와 감각적인 은혜가 사라지기 시작할 때 매우 고통스러워하곤 합니다.

이 말을 듣고 있는 당신은 틀림없이 이렇게 말할 것입니다. 은사를 상실해서 괴로운 것이 아니라 자신의 불신앙이 이러한 일을 초래했을 수도 있다는 두려움 때문에 슬퍼하고 있다고 말입니다. 그러한 핑계 뒤로 자신을 숨기는 것은 바로 기만입니다! 형제들이여, 우리의 불신앙이 우리를 괴롭게 만드는 것이 두렵다면 겸손히 하나님 앞에 서서 이 일을 초래한 불신앙을 회개하고, 하나님께서 우리에게 주셨던 좋은 것들을 다시 가져가기도 하시고, 우리가 남용할 만한 것들은 주지 않으심을 기뻐합시다. 또한 하나님께서 스스로 공의를 행하신다는 것에 대해 거룩한 기쁨을 가져야 합니다. 이것이 바로 참으로 겸손한 영혼의 기질입니다. 우리는 은사가 없다고 통곡한다거나 불안해하지 말고, 이러한 문제를 가지고 지도자들을 피곤하게 하는 대신 이러한 상실에 대해 겸손히 기뻐하고, 결코 실제로 소유하고 있는 것 이상을 바라서는 안 됩니다.

말씀은 **아브람이 또 다른 곳에 제단을 쌓았음**을 기록하여 그가 헌신에서 헌신으로 나아갔음을 보여 주고 있습니다. 이어 **점점 남방으로 옮겨갔다**는 기록에서 보듯이 아브람이 오직 하나님 한 분께로만 향하기 위해 모든 것을 지나쳐 갔음을 알 수 있습니다.

10. 그 땅에 기근이 들었으므로 아브람이 애굽에 거류하려고 그리로 내려갔으니 이는 그 땅에 기근이 심하였음이라

자기를 떠난 영혼은 아브람처럼 신실함을 지킵니다. 달콤함만 약속된 것 같이 보이다가 길을 가면서 만나게 되는 메마름과 고통의 십자가 때문에 놀라지 마시기 바랍니다. 우리는 어떤 비통함 속에서도 지쳐서 멈추거나 낙담하지 말고 오직 하나님을 따라가야 합니다.

11. 그가 애굽에 가까이 이르렀을 때에 그 아내 사래에게 말하되 내가 알기에 그대는 아리따운 여인이라

13. 원하건대 그대는 나의 누이라 하라 그러면 내가 그대로 말미암아 안전하고 내 목숨이 그대로 말미암아 보존되리라 하니라

이것은 명백한 아브람의 잘못입니다. 자기 아내의 아름다움을 칭찬하면서 목숨을 건지고자 하는 모습이지요. 이 장면에서 알 수 있듯이, 자기를 부인하고 하나님께 자신을 드린 후 주의 길을 떠나지 않는 자들은 비록 실수할지라도 하나님께서 손수 수습하시며 두려움과 연약함에서 비롯되는 방황으로부터 보호하신다는 것을 알 수 있습니다. 아브람 위에 임한 신성한 인도하심과 관용은 진리의 빛 안에 있는 자들에게 놀랍게 계시됩니다. 이를 완전히 설명하려면 책을 몇 권을 써도 부족할 것입니다.

17. 여호와께서 아브람의 아내 사래의 일로 바로와 그 집에 큰 재앙을 내리신지라

겉으로 보기에 더 큰 잘못을 저지른 것 같이 보이는 아브람 때문에 하나님께서는 악의가 없었던 바로를 벌하십니다. 주님께서는 언뜻 보기에도 명백한 아브람의 결점을 덮어 주십니다. 그 누가 하나님의 비밀한 심판을 다 알 수 있겠습니까? 모든 것이 절망적인 상황에도 끝까지 자기를 부인할 사람이 얼마나 될까요? 오, 하나님께서는 모든 것을 하나님께 던진 이 조상의 믿음으로 인해 아브람의 생명뿐 아니라 그 아내의 명예도 지키셨습니다.

13장

1. **아브람이 애굽에서 그와 그의 아내와 모든 소유와 롯과 함께 네게브로 올라가니**
2. **아브람에게 가축과 은과 금이 풍부하였더라**
3. **그가 네게브에서부터 길을 떠나 벧엘에 이르며 벧엘과 아이 사이 곧 전에 장막 쳤던 곳에 이르니**
4. **그가 처음으로 제단을 쌓은 곳이라 그가 거기서 여호와의 이름을 불렀더라**

말씀에 기록된 모든 구절들은 놀라운 의미를 담고 있습니다. **아브람이 네게브로 올라가니.** 이 구절은 전에도 설명하였듯이 아브람이 언제나 하나님을 향해 나아갔음을 의미합니다. 이어서 다음 구절에서 **그가 네게브에서부터 길을 떠나 벧엘에 이르며**라고 덧붙입니다. 이것은 무엇을 의미할까요? 얼핏 모순처럼 보이지만 사실 전혀 모순되지 않습니다. 그 이유는 모든 길이 하나님께로 이어지기 때문입니다. 어디에도 멈추지 않고, 만나게 되는 모든 것들과 겪게 되는 모든 상황을 통해 간절히 하나님께 나아가는 자는 확실히 하나님을 찾게 됩니다.

아브람에게 가축과 은과 금이 풍부하였더라. 하지만 아브람은 자신의 부(富)를 **제단을 쌓은 곳**으로 가져옵니다. 그는 이 모든 것을 하나님께 제물로 드렸으며, 부유할 때나 역경에 처할 때나 언제나 동일하게 하나님을 향하여 전진하였습니다. 또한 어디를 가든지 하나님을 향하여 나아가며 오직 그분의 이름을 부르며 나아갔습니다.

6. 그 땅이 그들이 동거하기에 넉넉하지 못하였으니 이는 그들의 소유가 많아서 동거할 수 없었음이니라
7. 그러므로 아브람의 가축의 목자와 롯의 가축의 목자가 서로 다투고 또 가나안 사람과 브리스 사람도 그 땅에 거주하였는지라

내면의 부유함은 종들의 다툼을 일으키고 열정(passion)들 간의 화평과 연합을 해칩니다. 이것들은 주인에게 달라붙어 늘어지고 이 속에서 불완전한 열심이 일어나기 시작합니다.

8. 아브람이 롯에게 이르되 우리는 한 친족이라 나나 너나 내 목자나 네 목자나 서로 다투게 하지 말자
9. 네 앞에 온 땅이 있지 아니하냐 나를 떠나가라 네가 좌하면 나는 우하고 네가 우하면 나는 좌하리라
10. 이에 롯이 눈을 들어 요단 지역을 바라본즉 소알까지 온 땅에 물이 넉넉하니 여호와께서 소돔과 고모라를 멸하시기 전이었으므로 여호와의 동산 같고 애굽 땅과 같았더라

자신 안에 평안을 가지고 있고, 하나님과 화평하였던 아브람은 **친족의 목자와 자신의 목자가 다투는 것**을 견딜 수 없었습니다. 하나님으로부터 받은 모든 좋은 것들에 대한 집착이 없었던 아브람은 몇 번이고 이 모든 것들을 희생시킬 각오가 되어 있었습니다. 떠남과 대수롭지 않게 생각하는 마음은 자신에게 선취권이 있었음에도 불구하고 **아름다운 땅**을 자신의 조카에게 주는 사건을 통해 나타납니다. 아브람이 가졌던 믿음과 떠남의 초연함과는 거리가 먼 **롯**은 자신을 위해 **낙원같이 보이는 곳**을 택합니다. 얼마나 많은 사람들이 하나님을 섬기는 자리에서 죽음, 자기부인, 십자가, 쓰라림을 찾기보다 즐거움의 영을 추구하는지요! 그러나 앞으로 일어나는 사건은 하나님을 향한 아브람의 선택이 롯의 선택보다 얼마나 더 큰 유익이었는지를 보여 줍니다.

11. 그러므로 롯이 요단 온 지역을 택하고 동으로 옮기니 그들이 서로 떠난지라

하나님께서는 단지 영혼을 자아에서 끌어내는 것에 만족하지 않으십니다. 좋은 것이라 할지라도 그것이 전진을 지체시킨다면 그것으로부터 우리를 분리시키십니다. 롯에게 주었던 애정이 하나님을 향해 가는 아브람의 길을 방해했을 수도 있고, 인간적 동행이 주는 자연적 만족감을 취하는 위험에 처했을 수도 있었던 것입니다.

14. 롯이 아브람을 떠난 후에 여호와께서 아브람에게 이르시되 너는 눈을 들어 너 있는 곳에서 북쪽과 남쪽 그리고 동쪽과 서쪽을 바라보라
15. 보이는 땅을 내가 너와 네 자손에게 주리니 영원히 이르리라

오, 하나님을 향한 사랑으로 인해 떠나는 영혼에게 즉시 응답하시는 하나님의 선하심이 어찌 그리 크신지요! **아브람이 롯을 떠난 후**에 그에게 말씀하시는 주의 음성이 어찌 그리 부드러운지요! 우리가 가지고 있는 좋은 것들은 하나님과 우리의 소통을 방해하며, 주님의 은혜의 흐름을 막을 수 있습니다. 아브람에게 반복하여 들려진 이 약속들은 400년이 지난 후, 하나님의 백성과 그 대적들의 전쟁에서 비로소 이루어집니다.

16. 내가 네 자손이 땅의 티끌 같게 하리니 사람이 땅의 티끌을 능히 셀 수 있을진대 네 자손도 세리라
17. 너는 일어나 그 땅을 종과 횡으로 두루 다녀 보라 내가 그것을 네게 주리라

하나님께서는 현세에서도 놀라운 상급을 부어 주십니다. 주님을 향한 사랑 때문에 자기를 부인한 자에게 주님은 영원의 상급뿐 아니라 현세의 상급도 내리십니다. 하나님의 뜻을 행하기 위해 조카를 떠난 아브람에게 하나님께서는 희생에 대한 대가로 가장 큰 민족을 약속하십니다. 이삭을 제물로 드리는 대가로 그의 자손에게서 예수 그리스도가 나셨듯이, 아브람은 자신을 부인함으로써 큰 나라를 약속 받습니다.

하나님을 향한 사랑 때문에 육의 친구들과 불완전한 영적 친구들로부터 자신을 분리시킬 때 주님은 우리가 상상할 수 있는 것보다 더 많은 부류의 친구들을 주십니다. 이런 친구들은 주 안에서 친구이며, 주를 위한 친구입니다. 주님께서는 하나님을 향한 사랑 때문에 자녀와 조카를 버린 자들에게 이를 대신하여 셀 수 없이 많은 영적 자녀들을 주시리라고 이사야서에서 약속하셨습니다. "잉태하지 못하며 출산하지 못한 너는 노래할지어다 산고를 겪지 못한 너는 외쳐 노래할지어다 이는 홀로 된 여인의 자식이 남편 있는 자의 자식보다 많음이라."

하나님께서 아브람에게 **약속하신 땅**은 눈에 보이는 물리적인 땅뿐 아니라 온유한 자에게 약속된 상급인 마음의 땅이기도 합니다. "네 마음이 땅에 집착하게 하는 모든 것들로부터 자유로워지면, 완전한 자유 안에 걷게 될 것이며 내가 너에게 주는 땅에서 아무도 너를 이길 수 없으리라. 내가 네게 주는 땅에서 네게 속하지 않은 것은 하나도 없을 것이며, 너는 자기를 부인할 때의 성실함으로 모든 것을 다스릴지니라."

14장

11. 네 왕이 소돔과 고모라의 모든 재물과 양식을 빼앗아 가고
12. 소돔에 거주하는 아브람의 조카 롯도 사로잡고 그 재물까지 노략하여 갔더라
16. 모든 빼앗겼던 재물과 자기의 조카 롯과 그의 재물과 또 부녀와 친척을 다 찾아왔더라

아브람은 롯을 떠난 대가로 상을 받고, 롯은 아브람으로부터 떨어진 대가로 벌을 받습니다. 하나님을 위해 모든 것을 떠나는 영혼에게는 가장 높은 차원의 평강과 평화로움과 하나님의 새로운 호의가 주어집니다. 하지만 자신의 유익이나 불신 때문에 공의로부터 떠나는 자에게는 오직 전쟁과 근심, 응징만이 남을 뿐입니다. 롯은 인간적 사고가 지배하는 도시의 보호 아래 살면서 피조물에 기대어 살기 위해 믿음과 자기포기의 길을 떠난 자들을 상징합니다. 하지만 아무도 보호할 수 없는 피조물의 불안정성과 그들 자신의 교만 때문에 공의의 하나님께서도 이들을 방관하시기에 더 큰 위험에 빠질 뿐이지요.

아브람이 조카 롯이 그를 필요로 할 때 도와줬듯이, 자기를 포기한 영혼들은 자신을 떠난 사람일지라도 한결같은 돌봄과 그들의 필요의 때에 변치 않는 원조(援助)를 보냅니다.

18. 살렘 왕 멜기세덱이 떡과 포도주를 가지고 나왔으니 그는 지극히 높으신 하나님의 제사장이었더라
19. 그가 아브람에게 축복하여 이르되 천지의 주재이시요 지극히 높으신 하나님이여 아브람에게 복을 주옵소서

아브람의 복은 오직 **살아 계신 하나님의 제사장**인 **멜기세덱**에게 속해 있습니다. 오직 그분만이 자기포기의 순전함과 숭고함을 아시고 이를 인정하시기 때문입니다. 멜기세덱은 전쟁을 치른 영혼에게 생명의 말씀, 곧 거룩한 성찬을 배로 주시는 참 제사장의 모습을 상징합니다.

20. 너희 대적을 네 손에 붙이신 지극히 높으신 하나님을 찬송할지로다 하매 아브람이 그 얻은 것에서 십분의 일을 멜기세덱에게 주었더라

자신을 인도하신 분은 바로 하나님의 제사장이심을 보는 믿음의 영혼은 그분께 복종하고, 이에 감사하여 자신이 소유한 것의 십분의 일을 바칩니다. 이는 하나님의 사랑과 하나님의 하나님 되심에 대한 순종을 의미합니다.

22. 아브람이 소돔 왕에게 이르되 천지의 주재이시요 지극히 높으신 하나님 여호와께 내가 손을 들어 맹세하노니
23. 네 말이 내가 아브람으로 치부(致富)하게 하였다 할까 하여 네게 속한 것은 실 한 오라기나 들메끈 한 가닥도 내가 가지지 아니하리라

이 모습은 믿음의 길을 걷는 자기포기의 영혼이 가진 관대함을 보여 줍니다. 그는 오직 하나님만을 소유하기 위해 **모든 부(富)**와 재력이 주는 도움을 **거절**합니다. 이처럼 하나님 외의 모든 것들을 거절하고 거룩한 담대함을 가지고 천국에 이르기까지 자신의 발걸음을 쉬지 않습니다. 하나님 말고는 어떤 것도 자신에게 합당치 않음을 아는 자들의 유일한 보배 되신 주님께서는 주님 자신으로 이들을 풍족히 채우십니다.

15장

1. 이후에 여호와의 말씀이 환상 중에 아브람에게 임하여 이르시되 아브람아 두려워하지 말라 나는 네 방패요 너의 지극히 큰 상급이니라

하나님 한 분만으로 만족하기 위해 모든 것을 경멸하는 것만큼 사람이 자신의 사랑을 강하게 하나님께 증명해 보일 수 있는 것은 없습니다. 하나님께서는 이런 자에게 곧바로 가장 부드러운 음성으로 그를 얼마나 흡족해 하시는지 말씀해 주시고, 친히 그를 보호하시며 **상급**이 되어 주실 것을 약속하십니다. 하나님께서 그분을 위해 우리가 버린 작은 것들에 대해 그분 자신이 보상이 되어 주신다는 약속은 실로 말할 수 없는 기쁨입니다! 바울이 말했듯이 현재 당하는 고난은 장차 우리 안에서 나타날 영광과 비교할 수 없습니다. 대관절 무엇이 하나님을 소유하는 것과 감히 비교될 수 있겠습니까?

2. 아브람이 이르되 주 여호와여 무엇을 내게 주시려 하나이까 나는 자식이 없사오니 나의 상속자는 이 다메섹 사람 엘리에셀이니이다

3. 아브람이 또 이르되 주께서 내게 씨를 주지 아니하셨으니 내 집에서 길린 자가 내 상속자가 될 것이니이다

거룩한 약속의 성취를 받지 못한 채 생의 막바지에 접어들었음을 깨닫게 된 이 신실한 종은 끊임없이 자기를 포기하는 과정 가운데 상속자를 통해 미래에 대한 확신을 얻고자 스스로 뭔가 조치를 취하려 합니다.

4. 여호와의 말씀이 그에게 임하여 이르시되 그 사람이 네 상속자가 아니라 네 몸에서 날 자가 네 상속자가 되리라 하시고
5. 그를 이끌고 밖으로 나가 이르시되 하늘을 우러러 뭇별을 셀 수 있나 보라 또 그에게 이르시되 네 자손이 이와 같으리라

한없이 선하신 하나님께서는 그를 끝까지 돌보시는 섭리에 대해 다시금 약속하시며 연약함 때문에 인간적인 조치를 취하려던 아브람의 계획을 물리치십니다. 자기를 포기했지만 미래를 대비하고자 다시 자기 안으로 들어간 이 가엾은 자에게 주님은 **별들**에 대한 단순한 비유를 통해 그분의 능력의 효력을 보이십니다. 그리고 다시 한 번 약속이 반드시 이루어질 것과, 이를 모두 성취하실 수 있는 전능하신 하나님에 대한 믿음을 새롭게 하여 주십니다.

6. 아브람이 여호와를 믿으니 여호와께서 이를 그의 의로 여기시고

하나님께서 가장 찾으시는 것은 바로 **믿음**입니다. 하나님께서는 지속적으로 **자신을 포기**하고 하나님의 손에 맡겨 드리는 이러한 믿음을 어떤 의로운 행위보다도 더 인정하십니다. 이러한 믿음은 넘치는 사랑에서 일어나기 때문입니다. 이제 믿음과 **자기포기**로 모든 것이 족하게 된 자에게 남은 것은 오직 주님 안에 사는 것뿐입니다.

7. 또 그에게 이르시되 나는 이 땅을 네게 주어 소유를 삼게 하려고 너를 갈대아인의 우르에서 이끌어 낸 여호와니라

하나님께서는 아브람이 더욱 믿음으로 행하고 자기포기 안에 머물게 하려고 약속에 대한 새로운 보증을 주십니다. 하지만 아직 자기포기와 믿음 안에 완전히 확립되지 못한 영혼은 여전히 머뭇거립니다. 그리하여 믿지 못함으로 인해 표적을 구하는 것이 믿음의 완전함을 대적하여 믿음의 결핍 상태를 초래한다는 것을 미처 모르고 이를 구하게 됩니다. 피조물 때문에 멈춰서는 것은 창조주의 선하신 도움을 방해합니다.

8. 그가 이르되 주 여호와여 내가 이 땅을 소유로 받을 것을 무엇으로 알리이까

12. 해 질 때에 아브람에게 깊은 잠이 임하고 큰 흑암과 두려움이 그에게 임하였더니

하나님께서 아브람을 위해 표적을 주시면서도 그의 의심하는 마음은 기뻐하지 않으셨습니다. 왜냐하면 표적만큼 믿음과 자기포기에 반대되는 것이 없기 때문이지요. 모든 일은 오직 하나님의 때에 다 이루어지기 마련입니다. 따라서 우리는 아무것도 보이지 않을지라도 미래를 앞서 내다보고자 하는 수고를 그치고, 약속의 성취가 나타나지 않는 순간에도 하나님의 때를 기다려야 합니다. 속지 않으려면 하나님의 뜻이 이루어질 때까지 어떤 상황 속에서도 멈추지 말아야 합니다. 하나님의 행하심에는 결코 실수가 없습니다.

13. 여호와께서 아브람에게 이르시되 너는 반드시 알라 네 자손이 이방

에서 객이 되어 그들을 섬기겠고 그들은 사백 년 동안 네 자손을 괴롭히리니

자기부인, 믿음, 자기포기는 하나님께로부터 큰 상급을 받게 합니다. 주님은 높은 차원의 덕에 대한 보상으로 자기 자신을 내어 주십니다. 이에 반해 아주 작은 불신으로 인해 표적을 구하는 마음은 이러한 덕과는 반대되는 것으로 주님의 분노를 자아냅니다. 주님이 자신을 내어 주고 싶어 하셨던 사람일지라도 불신을 가지면 징계와 형벌을 받게 됩니다. 이것은 얼마나 큰 신비요, 우리에게 필요한 교훈인지요! 믿음과 자기부인에 반대되는 실수는 곧바로 책망을 받습니다. 하지만 이러한 책망이야말로 믿음을 견고케 하는 하나님의 섭리입니다.

주님은 아브람에게 언약과 함께 자손들이 괴롭힘을 받을 것이라는 경고도 주십니다. 캄캄함과 두려움은 표적과 확신을 구하는 불신앙이 빚어낸 나쁜 결과를 보여 줍니다. 불신앙은 우리 영을 두려움과 망설임에 사로잡히게 함으로써 하나님의 은혜와 거룩한 빛으로 나아가는 발걸음을 막습니다.

14. 그들이 섬기는 나라를 내가 징벌할지며 그 후에 네 자손이 큰 재물을 이끌고 나오리라
17. 해가 져서 어두울 때에 연기 나는 화로가 보이며 타는 횃불이 쪼갠 고기 사이로 지나더라
18. 그날에 여호와께서 아브람과 더불어 언약을 세워 이르시되 내가 이 땅을 애굽 강에서부터 그 큰 강 유브라데까지 네 자손에게 주노니

이와 같은 불신앙을 책망하신 후 주님께서는 다시 약속을 이루어 가십니다. **해가 져서 어두울 때**와 같은 믿음의 어둠 속으로 다시 들어온 영혼에게 하나님께서는 **언약**을 새롭게 하시고, 이 언약을 따라 특별한 공급하심으로 그를 돌보십니다.

16장

1. 아브람의 아내 사래는 출산하지 못하였고 그에게 한 여종이 있으니 애굽 사람이요 이름은 하갈이라
3. 아브람의 아내 사래가 그 여종 애굽 사람 하갈을 데려다가 그 남편 아브람에게 첩으로 준 때는 아브람이 가나안 땅에 거주한 지 십 년 후였더라

아내로 상징되는 하위 기관(inferior part)은 오랜 기간 열매 없음과 보이지 않는 험난한 길에 지쳐 자신에게 없는 것을 외부에서 찾다가 작은 인간적인 방법을 발견하지만, 과연 그것이 어디에서 온 것인지는 고민하지 않습니다.

4. 아브람이 하갈과 동침하였더니 하갈이 임신하매 그가 자기의 임신함을 알고 그 여주인을 멸시한지라
5. 사래가 아브람에게 이르되 내가 받는 모욕은 당신이 받아야 옳도다 내가 나의 여종을 당신의 품에 두었거늘 그가 자기의 임신함을 알고 나를 멸시하니 당신과 나 사이에 여호와께서 판단하시기를 원하노라
6. 아브람이 사래에게 이르되 당신의 여종은 당신의 수중에 있으니 당신의 눈에 좋을 대로 그에게 행하라 하매 사래가 하갈을 학대하였더니

하갈이 사래 앞에서 도망하였더라

하지만 얼마 가지 않아 곧 그 대가를 치르게 되지요. 사래가 택한 인간적인 방법은 바로 종이었습니다. 사래는 종을 자신보다 유리한 입장에 처하게 함으로써 경멸과 모욕을 당합니다. 자신의 실수를 깨닫고 그 잘못에 동참시켰던 상위 기관(superior part)에 호소합니다. 아브람은 사래를 다시 그녀의 자리에 앉히고, 침해당하도록 허용되었던 사래의 권위를 회복시킵니다.

11. 여호와의 사자가 또 그에게 이르되 네가 임신하였은즉 아들을 낳으리니 그 이름을 이스마엘이라 하라 이는 여호와께서 네 고통을 들으셨음이니라

믿음은 표면적으로는 아무런 열매가 없어 보이지만, 하갈은 많은 열매가 있는 것같이 보이는 번식력을 상징합니다. 종이었던 그녀는 이제 불화와 전쟁, 분열이 가득하여 오직 칼로만 모든 것을 획득하려고 하는 큰 민족 **이스마엘**의 어머니가 됩니다. 주님께서는 이런 하갈의 **고통**에도 응답하십니다.

13. 하갈이 자기에게 이르신 여호와의 이름을 나를 살피시는 하나님이라 하였으니 이는 내가 어떻게 여기서 나를 살피시는 하나님을 뵈었는고 함이라

하나님께서는 이처럼 번식된 자들에게 오직 은사와 이미지만을 통해 약간의 은총을 베푸십니다. 하지만 이런 방법을 통해서는 결코 주님과의 연합에 이를 수 없습니다.

17장

1. **아브람이 구십구 세 때에 여호와께서 아브람에게 나타나서 그에게 이르시되 나는 전능한 하나님이라 너는 내 앞에서 행하여 완전하라**
2. **내가 내 언약을 나와 너 사이에 두어 너를 크게 번성하게 하리라 하시니**

하나님을 위해 자기를 포기한 자에게 주님은 자신의 **전능하심**을 보이시고, 모든 상황 속에서 **주님 앞에서 행함**에 만족할 것을 말씀하십니다. 이것이 바로 **완전**해지는 길입니다. 주님은 이 같은 자와 **연합**하심으로 **많은 열매**를 맺게 하실 것이라 약속하십니다. 이처럼 주님과의 거룩하신 합일로 언약을 인치시고, 많은 열매를 맺어 풍성케 하십니다.

3. **아브람이 엎드렸더니 하나님이 또 그에게 말씀하여 이르시되**

표적을 더 이상 구하지 않게 된 영혼은 오직 육의 죽음만을 생각합니다. 하나님의 계획을 섬기기에 가장 적합한 자리는 죽음의 자리이며, 비움이야말로 초자연적인 삶을 위한 진정한 준비입니다.

4. 나는 스스로 있는 자라(원작에 기록되어 있지만 우리말 성경에는 없는 부분임-역주) 보라 내 언약이 너와 함께 있으니 너는 여러 민족의 아버지가 될지라

육의 죽음을 통과하게 되면 하나님께서는 이전과는 다른 방식으로 자신을 나타내십니다. 온전히 하나님 앞에 순복된 마음에게 주님께서는 스스로 있는 자이며, 지은 것이 하나도 그가 없이는 된 것이 없다는 말씀을 통해 그분의 거룩하신 위엄에 대한 가장 크고 완전한 계시를 주십니다. 또한 이로써 연합과 언약을 다시 새롭게 하시지요.

5. 이제 후로는 네 이름을 아브람이라 하지 아니하고 아브라함이라 하리니 이는 내가 너를 여러 민족의 아버지가 되게 함이니라

6. 내가 너로 심히 번성하게 하리니 내가 네게서 민족들이 나게 하며 왕들이 네게로부터 나오리라

이러한 죽음 후 하나님께서는 받는 자 외에는 아무도 알 수 없는 **새 이름**을 주십니다. 새 이름과 그 이름의 의미를 이루는 데 필요한 모든 것들이 모두 주님의 입으로부터 말미암습니다. 세대를 거듭하여 계속적으로 반복된 **왕들이 네게로부터 나오리라**는 말씀을 통해 언약 안에 속한 모든 자들의 존재가 높아지고, 아브라함이 **모든 자의 조상**임이 증거되고 있습니다.

7. 내가 내 언약을 나와 너 및 네 대대 후손 사이에 세워서 영원한 언약을 삼고 너와 네 후손의 하나님이 되리라

자기부인을 이룬 영혼에게 새 이름을 주신 후 주님께서는 **그의** 하나님이 되시고 그로부터 태어나게 될 수많은 자기부인의 영혼의 하나님이 되실 것을 말씀하십니다. 바로 여기에 참 안정이 있습니다. 이런 자에게는 더 이상의 요동이 없습니다. 주님께서는 **그들의 하나님**이시며, 영구적으로, 견고하게, 끝없이 이들과 함께하실 것임을 약속을 통해 말씀하십니다. 이들 안에 더 이상 하나님을 거스르는 것이 없기 때문에 주님께서는 주권자로서 명령하시고, 이들의 하나님이 되십니다. 이들은 주님 안에서 자신의 뜻을 잃어버린 자들로서, 하늘에 있는 자들과 같이 이 땅에서 하나님의 뜻을 이룹니다.

10. 너희 중 남자는 다 할례를 받으라 이것이 나와 너희와 너희 후손 사이에 지킬 내 언약이니라

12. 너희의 대대로 모든 남자는 집에서 난 자나 또는 너희 자손이 아니라 이방 사람에게서 돈으로 산 자(종)를 막론하고 난 지 팔 일 만에 할례를 받을 것이라

주님께서는 언약의 증표로 명령을 주십니다. 이 명령은 **자기부인**의 길을 가려면 아담 안에서 받은 모든 생명을 잘라내는 **할례**의 수고를 행하라는 말씀입니다. 육적이고 동물적인 생명을 주는 모든 것들을 지속적으로 죽이고 부인하는 것에서부터 영이 시작됩니다. 바로 이들이 하나님의 백성입니다. 하나님께 자신을 던진 자들에게는 종이나 자유자나 명령을 이행해야 함에는 아무런 차이가 없습니다.

막 태어난 아기는 어떤 것도 잘라낼 필요가 없어 보이지만 예수 그리스도의 생명이 들어서기 위해서는 아담의 생명으로부터 말미암은 것들이 처음부터 모두 부인되어야 합니다. **종**은 죄의 학대 밑에서 신음하던 자들을 의미합니다. 이들은 하나님께 자신을 드리게 되는 순간 할례를 통과하게 됩니다. 할례는 자기를 완전히 부인한 자들에게 일어나는 사건으로, 하나님께서 직접 칼을 손에 들고 무할례(無割禮)를 잘라내십니다. 따라서 영혼의 입장에서는 능동적이기보다는 수동적인 행위라고 할 수 있습니다. 이 과정을 통과하는 영혼이 겪는 고통으로 인한 비통함, 두려움, 눈물은 결코 주님의 행하심을 막지 못합니다. 포피(包皮)같이 깊은 옛 육욕의 뿌리일수록 완강히 칼을 거부하여 할례의 과정을 더욱 혹독하게 만듭니다. 자기부인의 시늉만 하는 사람은 자신의 생명을 잘라내는 것과 같은 칼을 통과하지 않은 자들입니다. 명목뿐인 할례자들은 모든 것을 움켜지고 아무것도 잃지 않으려고 합니다. 이런 자들은 참 할례자, 즉 참 자기부인을 이룬 자들로부터 제외됩니다.

15. 하나님이 또 아브라함에게 이르시되 네 아내 사래는 이름을 사래라 하지 말고 그 이름을 사라라 하라

16. 내가 그에게 복을 주어 그가 네게 아들을 낳아 주게 하며 내가 그에게 복을 주어 그를 여러 민족의 어머니가 되게 하리니 민족의 여러 왕이 그에게서 나리라

하나님께서는 육의 죽음 이후 영의 부활을 통해 영혼의 중심과 상위 기관(superior part)을 새롭게 하십니다. 새 이름이 상징하듯, 죽음의 그림자로부터 우리를 이끌어내어 새 생명 가운데 세우십니다. 주님께서는 하위 기관(inferior part)의 이름도 새롭게 바꾸심으로 상위 기관의 갱생에 동참케 하십니다. 아브람의 이름을 바꾸신 후에 사래의 이름을 바꾸시고, 아브람에게 주신 것과 동일한 약속으로 그녀가 아들을 낳게 될 것임을 말씀하십니다.

17. 아브라함이 엎드려 웃으며 마음속으로 이르되 백 세 된 사람이 어찌 자식을 낳을까 사라는 구십 세니 어찌 출산하리요 하고

19. 하나님이 이르시되 아니라 네 아내 사라가 네게 아들을 낳으리니 너는 그 이름을 이삭이라 하라 내가 그와 내 언약을 세우리니 그의 후손에게 영원한 언약이 되리라

상위 기관(superior part)은 자신에게만 약속이 임할 당시에는 믿다가도 하위 기관(inferior part)과의 재결합을 통해 아들이 낳으리라는 약속에 대해서는 믿기를 주저하게 됩니다. 하위 기관(inferior part)의 연약함을 아는 그로서는 하나님과 그분의 거룩한 능력을 의심할 수밖에 없는 것이지요. 그리하여 오랜 세월 동안 경험한 연약함, 무력함, 불임을 들어 자신이 의심할 수밖에 없는 이유를 내세웁니다. 두 사람 모두 언약이 성취되기 전의 상태로 사는 데 익숙해져서 더 큰 것을 바라지도 소망하지도 않습니다. 이것은 사도적 삶 이전에 경험하는 하나님 안에서의 안식 상태라 할 수 있습니다.

이로부터 잉태된 이삭은 영혼들 속에 자리하신 예수 그리스도이십니다. 그리스도는 우리 안에 그리스도를 잉태할 수 있다는 소망의 여지가 전혀 남아 있지 않을 때 비로소 출산될 수 있습니다. 자연적으로 얻을 수 있는 모든 도움에 대한 철저한 절망과 초자연적 은사에 대해 전혀 집착하지 않는 상태에서야 비로소 그리스도의 생명이 잉태됩니다. "이는 능력의 심히 큰 것이 하나님께 있고 우리에게 있지 아니함을 알게 하려 함이라"고 바울은 기록하였습니다.

18. 아브라함이 이에 하나님께 아뢰되 이스마엘이나 하나님 앞에 살기를 원하나이다

20. 이스마엘에게 대하여는 내가 네 말을 들었나니 내가 그에게 복을 주어 그를 매우 크게 생육하고 번성하게 할지라 그가 열두 두령을 낳으리니 내가 그를 큰 나라가 되게 하려니와

아브라함이 한 말은 완전한 믿음을 가진 자들의 발가벗은 상태를 보여줍니다. 자신의 가난하고 빈곤한 상태를 돌아본 자들은 무익한 상태에 남아 있기보다 무언가 거룩한 행위에 종사하며 "주님 보시기에 좋으시다면"이라고 고백합니다. 바로 이러한 거듭된 행위야말로 하나님 앞에 살지 못하는 **이스마엘**입니다. 하나님께서는 비록 이 같은 과실일지라도 최대한 복을 주어 큰 유익을 받게 하십니다. 하지만 이러한 복은 하나님의 백성의 복은 아닙니다. 이들의 길은 아직 육으로부터 자유롭지 않은 백성의 길이기 때문입니다. 하나님의 백성은 예수 그리스도 안에 있습니다. 이러한 이유로 주님께서는 하나님 앞에 존귀한 백성을 출산하는 자들로 하여금 때로 소망 없는 기간을 지내게 하십니다. 이들로부터 나는 자들이야말로 사도 요한이 말한 "혈통으로나 육정으로나 사람의 뜻으로 나지 아니하고 오직 하나님께로 서 난 자들"입니다.

성경에 기록된 모든 말씀은 우리에게 가르침을 줍니다. 이 본문에서 우리가 주목해야 할 것은 이스마엘에게 주어진 약속이 **숫자**에 제한되어 있다는 것입니다. 하지만 믿음과 **자기부인**의 형상인 **이삭**을 위한 약속에는 이스마엘과는 달리 제한이 없습니다. 이러한 자의 후손은 하나님 외에 어떤 것도 붙들지 않습니다. 믿음의 영혼에게는 하나님 외에 어떤 것도 보상이 될 수 없기 때문이지요. 하나님께서는 아브라함에게 말씀하십니다. "나는 너의 지극히 큰 상급이라."

18장

1. 여호와께서 마므레의 상수리나무들이 있는 곳에서 아브라함에게 나타나시니라 날이 뜨거울 때에 그가 장막 문에 앉아 있다가

본문은 하나님을 기다리다가 관상의 안식(repose of contemplation) 가운데 하나님을 발견하는 모습입니다. **아브라함이 마므레의 상수리나무들이 있는 곳에 앉아 있다가. 앉아 있다**는 말은 안식 상태를 의미합니다. 우리는 하나님께서 직접 자신을 나타내실 수 있도록 안식 가운데 거해야 합니다. **마므레의 상수리나무들이 있는 곳**에서의 안식은 겸손과 자아 소멸을 의미합니다.

2. 눈을 들어 본즉 사람 셋이 맞은편에 서 있는지라 그가 그들을 보자 곧 장막 문에서 달려나가 영접하며 몸을 땅에 굽혀
3. 이르되 내 주여 내가 주께 은혜를 입었사오면 원하건대 종을 떠나 지나가지 마시옵고

이 영혼은 자신을 심방하시고 높은 곳에 세우신 하나님께서 떠나시는 것을 결코 원치 않고 오히려 영원토록 주님을 모시고 싶어 합니다. 하나님을 향한 이런 사랑은 모든 상황 속에 하나님이 함께하심을 믿고, 모든 자를 하나님 대하듯 대접합니다. 그는 하나님을 만나서도 이처럼 대하고, 어떤 상황에서나 하나님을 발견합니다. 그리하여 아브라함은 자기 앞에 나타난 낯선 자들을 하나님 대하듯 대접합니다. 하나님으로 가득 차 있는 아브라함은 하나님 대하듯 하는 말 외에는 어떤 말도 하지 못합니다. 아브라함은 마치 한 분께 이야기하듯 세 사람에게 이렇게 말합니다. **내 주여 내가 주께 은혜를 입었사오면 원하건대 종을 떠나 지나가지 마시옵고….** 이와 같은 고백이 있는 자는 모든 상황 속에서 하나님을 발견하고, 모든 자를 하나님과 같이 대합니다.

6. 아브라함이 급히 장막으로 가서 사라에게 이르되 속히 고운 가루 세 스아를 가져다가 반죽하여 떡을 만들라 하고
7. 아브라함이 또 가축 떼 있는 곳으로 달려가서 기름지고 좋은 송아지를 잡아 하인에게 주니 그가 급히 요리한지라
8. 아브라함이 엉긴 젖과 우유와 하인이 요리한 송아지를 가져다가 그들의 앞에 차려 놓고 나무 아래에 모셔 서매 그들이 먹으니라

수동적인 관상 속에서 하나님의 사랑의 어루만짐을 받은 자들은 주님의 영광을 위해서라면 아무것도 문제 삼지 않습니다. 그들은 주님을 향한 자신의 사랑을 나타내기 위해서라면 어떤 대가라도 지불합니다. 이들은 자신의 안식을 중단하지 않으면서도 속히 움직입니다. 이들의 관대함은 곧 사랑입니다. 이것이 바로 나병환자 시몬의 집에서의 막달라 마리아의 모습입니다.

9. 그들이 아브라함에게 이르되 네 아내 사라가 어디 있느냐 대답하되 장막에 있나이다

10. 그가 이르시되 내년 이맘때 내가 정녕 네게로 돌아오리니 네 아내 사라에게 아들이 있으리라 하시니 사라가 그 뒤 장막 문에서 들었더라

12. 사라가 속으로 웃고 이르되 내가 노쇠하였고 내 주인도 늙었으니 내게 무슨 즐거움이 있으리요

이들의 관대함은 약속의 성취에 대한 확신으로 응답됩니다. 하지만 약속의 **더딘 응답**의 기간 속에서 견고히 서지 못한 자들은 자신의 무력함과 연약함을 직면할 때 다시 의심과 불신으로 후퇴합니다. 하지만 하나님 안에 완전히 선 자들은 더 이상 망설이거나 의심하지 않습니다. 하지만 이 세상 속에서 이런 사람들을 만나기가 얼마나 힘든지요! 이런 사람들을 어디에서 발견할 수 있을까요?

내가 노쇠하였고 내 주인도 늙었으니 내게 무슨 즐거움이 있으리요. 사라가 한 말을 통해 그녀가 더 이상 부부관계로부터 약속이 성취될 수 있으리라 기대하지 않고 있음을 알 수 있습니다. 이것은 사라가 여전히 하나님의 방법이 아닌 인간의 방법을 의지하고 있음을 보여 줍니다.

13. 여호와께서 아브라함에게 이르시되 사라가 왜 웃으며 이르기를 내가 늙었거늘 어떻게 아들을 낳으리요 하느냐

14. 여호와께 능하지 못한 일이 있겠느냐 기한이 이를 때에 내가 네게로 돌아오리니 사라에게 아들이 있으리라

자기부인과 믿음 위에 굳건히 서 있는 아브라함은 이후로 태어날 모든 자들의 아비가 됩니다. 아브라함에게는 더 이상 의심이 남아 있지 않기에 사라의 과실에 동참했다고 볼 수 없습니다. 소망할 수 없는 중에 소망하는 것이 자신의 영역임을 믿습니다. 사도 바울이 아브라함에 대해 한 말이 바로 이것입니다. 하나님께서는 **여호와께 능하지 못한 일이 없다**는 말씀으로 사라의 주저함을 책망하십니다. 주님께서는 믿음과 자기부인을 이룬 자들이 원하는 것을 전혀 바랄 수도 없는 그때에 주기를 기뻐하십니다. 자아를 벗지 못하고 이성의 눈으로 세상을 보는 자들은 사라와 같이 의심하지만, 하나님의 관점으로 사물을 바라보는 순전한 믿음을 가진 자들에게는 불가능한 것이 없습니다.

15. 사라가 두려워서 부인하여 이르되 내가 웃지 아니하였나이다 이르시되 아니라 네가 웃었느니라

여전히 자신을 완전히 버리지 못한 사라는 의심에 대해 책망 받을 때 변명합니다. 이 같은 행동으로 인해 사라는 거짓을 범하게 됩니다. 여기서 사라가 범한 두 가지 과실 중 첫 번째는 거짓말이고, 다른 하나는 자신을 변명하기 위해 하나님을 나무란 것입니다. 사라가 웃은 것이 아니었다면 웃었다고 지적하신 주님을 거짓말하는 분으로 만드는 것이기 때문입니다. 끊임없이 변명을 하는 자들이 바로 이와 같습니다. 거짓된 대답과 망설임을 통해 죄에 죄를 더하게 되어 결국에는 하나님께 잘못을 덮어 씌워 주님이 우리를 버려두고 우리를 위해 아무것도 하지 않는 무자비한 하나님이라 원망하게 됩니다. 하지만 믿음의 영혼은 주님의 공급하심 속에 흔들리지 않고 굳건히 서 있습니다. 이러한 신실함으로 인해 가장 큰 은혜 위에 하나님의 호의가 더해집니다. 사도 바울이 기록한 바와 같이 이 믿음으로 인해 아브라함은 복을 받습니다.

17. 여호와께서 이르시되 내가 하려는 것을 아브라함에게 숨기겠느냐
18. 아브라함은 강대한 나라가 되고 천하 만민은 그로 말미암아 복을 받게 될 것이 아니냐

이제 완전히 벌거벗은 믿음으로 주님 안에서 안식 가운데 거하는 영혼에게 주님께서는 아무것도 **숨기지 않으십니다.** 주님은 그분의 비밀들을 그에게 나타내실 수밖에 없으십니다. 하나님의 영을 가진 사람은 하나님의 마음속에 일어나고 있는 일뿐 아니라, 비밀한 향기와 거룩한 맛을 분별하여 의식의 가장 깊은 곳에 숨겨진 것이 무엇인지 분별합니다.

20. 여호와께서 또 이르시되 소돔과 고모라에 대한 부르짖음이 크고 그 죄악이 심히 무거우니
21. 내가 이제 내려가서 그 모든 행한 것이 과연 내게 들린 부르짖음과 같은지 그렇지 않은지 내가 보고 알려 하노라

우리는 하나님께서 죄인들을 벌하시는 방법을 사모해야 합니다. 주님께서는 스스로 모든 것을 감찰하기 원하십니다. 그 이유는 자비를 나타내시기 위함입니다. 또한 주의 친구된 자들을 주님의 승리에 동참시키려고 훈계하십니다. 앞일에 대한 말씀은 피조물에게 주님이 베푸시는 호의입니다. 더디게 감찰하시는 것은 상주시기 위함입니다. 그분의 자비는 심판을 초월하기 때문입니다.

23. 아브라함이 가까이 나아가 이르되 주께서 의인을 악인과 함께 멸하려 하시나이까

24. 그 성중에 의인 오십 명이 있을지라도 주께서 그곳을 멸하시고 그 오십 의인을 위하여 용서하지 아니하시리이까

천사 둘은 소돔으로 떠나고, 하나님으로 여겨지는 세 번째 천사는 남아 아브라함과 함께 있습니다. 우리는 하나님의 친구 된 자들이 주님의 원수된 자들을 위해 어떤 효과적인 방법으로 열렬히 주께 탄원하는지를 배워야 합니다. 하나님의 친구들은 이들의 변호인을 자처하여 강력하게 하나님의 마음을 움직입니다. 의인 몇 명이 있다면 이들을 위해서라도 죄인들을 용서해 주실 것을 요청합니다. 수많은 죄인들 속에 있는 의인 몇 명이 과연 무슨 의미가 있을까 하는 의문이 들지만, 의인 몇 명만 있었어도 이들 때문에 한 도시가 구원 받을 수 있었을 것입니다. 하나님의 종들은 죄 없는 자를 죄인과 함께 망하게 하지 않으시는 주님의 공의에 호소합니다.

25. 주께서 이같이 하사 의인을 악인과 함께 죽이심은 부당하오며 의인과 악인을 같이 하심도 부당하니이다 세상을 심판하시는 이가 정의를 행하실 것이 아니니이까
27. 아브라함이 대답하여 이르되 나는 티끌이나 재와 같사오나 감히 주께 아뢰나이다

완전한 자아의 죽음 속에서 주께 탄원하는 자는 자신의 간구의 근거를 오직 주님의 선하심에만 두는 낮아진 마음을 가지고 있습니다. 하나님께서 중요하게 보시는 것은 바로 이런 마음이며, 이들은 결국 구하는 것을 받게 됩니다. 하나님께서는 약속하십니다. **내가 십 명으로 말미암아 멸하지 아니하리라(32절).** 하나님의 무궁하신 자비를 바라보며 아브라함은 이제 간구를 멈추고 주님께서 롯과 그의 가족을 살려 주실 것을 의심하지 않게 됩니다.

33. 여호와께서 아브라함과 말씀을 마치시고 가시니 아브라함도 자기 곳으로 돌아갔더라

여기에서 우리는 두 가지를 알 수 있습니다. 첫째는 하나님께서 그분의 친구가 원하는 것은 어떤 것도 거절하지 않으신다는 것과, 둘째로 끝까지 회개하지 않는 완고한 죄인들을 위해서는 주님께서 허락하신 마지막 기회 이상의 것을 구하지 못하게 하신다는 것입니다. 이것이 바로 아브라함의 기도가 위 구절과 같이 끝나는 이유입니다. 하나님께서는 아브라함이 구한 것을 하나도 거절하지 않으시는 동시에 사악한 도시를 향해 주님의 공의를 행하려는 계획도 멈추지 않으십니다. 이처럼 주님 안에서 영원히 거하는 자들은 오직 주님께서 원하고 인도하시는 대로만 기도하고, 주님께서 관심을 가지시는 것 이상의 것을 바라지 않습니다. 아브라함은 이런 모습을 보여 줍니다. 그는 자신의 유익, 혈육에 대한 모든 것들을 주님께 맡겨 드리고, 롯이 살고 있는 도시를 주께서 심판하실 때 자기 조카는 어떻게 될 지에 대한 것조차 묻지 않습니다. 이처럼 그는 하나님의 선하심과 공의를 신뢰하였습니다. 그에게 자기 유익이란 남의 유익 이상의 것이 아니었으며, 모든 것은 그를 위해 주 안에서 하나가 되었습니다.

아브라함은 기도가 끝난 후 그가 세 명의 천사를 만나기 이전에 거하던 하나님 안에서의 안식처로 돌아갑니다.

19장

1. 저녁 때에 그 두 천사가 소돔에 이르니 마침 롯이 소돔 성문에 앉아 있다가 그들을 보고 일어나 영접하고 땅에 엎드려 절하며

타락한 도시 **소돔** 한가운데 관상의 안식 안에 거하던 한 사람이 있었습니다. 하나님께서는 그를 악한 자에게 예정된 멸망으로부터 구속하십니다. 안식(롯은 **앉아** 있었습니다) 가운데 있던 롯은 바로 관상적(contemplative) 영혼을 상징합니다. 그는 아브라함의 친척, 즉 주님을 위해 자신을 부인한 영혼의 혈통이며, 아브라함보다 훨씬 열악한 상황에도 아브라함과 같은 행동을 합니다. **성문**에 앉았다는 것은 떠들썩함에서 떠나 초기 관상 단계에 머물러 있는 상태를 의미합니다. 하지만 자신의 장막 앞에 앉아 있던 아브라함의 모습은 피조물과의 교섭으로부터 떨어진 하나님 안에서의 안식을 보여 주지요.

12. 그 사람들이 롯에게 이르되 이외에 네게 속한 자가 또 있느냐 네 사위나 자녀나 성중에 네게 속한 자들을 다 성 밖으로 이끌어 내라

관상에 들어가기 시작한 영혼은 여러 방면에서 피조물에 묶여 이를 떼어 내는 데 어려움을 겪기 때문에 천사들은 롯을 압박할 수밖에 없었습니다. 하지만 이것은 말로 되는 것이 아닙니다. 이런 사람들은 열심은 가지고 있지만 정작 넘어야 할 산을 직면할 때에는 느리고 더디게 결단을 내립니다. 곧 멸망이 닥치는 순간 제때에 피하지 못할 수도 있는 이들을 보호하기 위해 하나님과 천사들은 이들의 손을 잡아 이끄십니다.

16. 그러나 롯이 지체하매 그 사람들이 롯의 손과 그 아내의 손과 두 딸의 손을 잡아 인도하여 성 밖에 두니 여호와께서 그에게 자비를 더하심이었더라

17. 그 사람들이 그들을 밖으로 이끌어 낸 후에 이르되 도망하여 생명을 보존하라 돌아보거나 들에 머물지 말고 산으로 도망하여 멸망함을 면하라

하나님께서 이 같은 조처를 취하지 않으셨다면 용기 없고 나약하게 상황에 매인 이들은 결코 살아남지 못했을 것입니다. 주님께서는 이들을 모든 피조물로부터 떼어내시고자 **돌아보거나 머물지 말 것**을 명하십니다. 이 단계에 있는 사람들이 저지를 수 있는 두 가지 실수 중 하나는 반사적으로 뒤를 돌아볼 수 있다는 것과, 다른 하나는 집착 때문에 하나님보다 못한 것에 멈춰버릴 수 있다는 것입니다. 천사들은 이들에게 피조물과의 모든 교섭을 떠나 가장 숭고한 차원의 관상을 상징하는 **산으로 도망할 것**을 권고합니다.

18. 롯이 그들에게 이르되 내 주여 그리 마옵소서

19. 주의 종이 주께 은혜를 입었고 주께서 큰 인자를 내게 베푸사 내 생명을 구원하시오나 내가 도망하여 산까지 갈 수 없나이다 두렵건대 재앙을 만나 죽을까 하나이다

20. 보소서 저 성읍은 도망하기에 가깝고 작기도 하오니 나를 그곳으로 도망

하게 하소서 이는 작은 성읍이 아니니이까 내 생명이 보존되리이다

망설이는 자들은 상실을 두려워하는 자들입니다. 처음에는 그럴듯한 핑계를 대면서 안전을 위한 장소를 찾기 시작합니다. 이들은 하나님을 완전히 신뢰하지도 못하고, 하나님의 공급하심 속에 자신을 던지지도 못하기에 **성**으로 도망쳐 자기 생명을 부지하고자 합니다. 성의 **작음**을 근거로 한 그럴듯한 변명은 마치 이렇게 말하는 듯합니다. "숭고하지만 위험 부담이 있을 수 있는 산보다는 낮고 확실한 길을 택하고 싶습니다." 이들은 하나님에게도 다음과 같이 주장합니다. "저는 다만 작은 것을 바랄 뿐입니다. 안전을 위해 작은 성을 구할 뿐이라고요." 하지만 겸손의 길만이 영혼에게 생명을 줍니다.

21. 그가 그에게 이르되 내가 이 일에도 네 소원을 들었은즉 네가 말하는 그 성읍을 멸하지 아니하리니

하나님께서는 요동하는 영혼들의 연약함을 보시고 이들의 기도를 들으사 때로는 기적을 통해 구하는 바를 주십니다. 그러면 그는 자신의 요구가 하나님의 뜻에 맞았기 때문에 이 같은 기적을 베푸셨다는 착각에 빠져 스스로를 높이지만, 사실은 이들의 연약함을 보시고 기도를 들어주신 것입니다.

26. 롯의 아내는 뒤를 돌아보았으므로 소금 기둥이 되었더라

성숙하지 못한 영혼은 자기 생각에 빠져 하나님의 명을 거스르고 **뒤를 돌아봅니다.** 이 길을 가는 데 있어서 자기 생각을 버리는 것만큼 중요한 것은 없습니다. 하나님께서는 이 연약한 여인을 **소금 기둥**으로 만드십니다. **소금**

은 바로 우리 자신의 지혜, 열심, 선견지명을 의미합니다. 주님께서는 이 사건을 통해 자기부인과 믿음을 통해서만 가야 하는 길에서 위와 같은 것들이 얼마나 헛된 것인지를 보여 주십니다. 스스로 뭔가를 재어보기 위한 나름대로의 기준은 내면의 길을 가는 데 방해가 될 뿐 어떤 발전도 주지 못합니다.

29. 하나님이 그 지역의 성을 멸하실 때 곧 롯이 거주하는 성을 엎으실 때에 하나님이 아브라함을 생각하사 롯을 그 엎으시는 중에서 내보내셨더라

30. 롯이 소알에 거주하기를 두려워하여 두 딸과 함께 소알에서 나와 산에 올라가 거주하되 그 두 딸과 함께 굴에 거주하였더니

하나님께서는 완전한 관상 가운데 들어간 한 영혼 아브라함을 위해 관상의 입구에만 머물러 있던 영혼을 그가 선택한 성의 멸망에서 건져내십니다. 이처럼 롯은 아브라함의 영향으로 **산에 올라가 두 딸과 함께 동굴에** 거합니다. 이것은 바로 관상에서의 고독 상태를 의미합니다.

33. 그 밤에 그들이 아버지에게 술을 마시게 하고 큰딸이 들어가서 그 아버지와 동침하니라 그러나 그 아버지는 그 딸이 눕고 일어나는 것을 깨닫지 못하였더라

롯은 자신과 **두 딸**이 고요함과 은둔 속에서 안전하다고 믿지만, 스스로를 지나치게 신뢰하고 있음을 보지 못하여 패배를 경험하게 됩니다. 하나님께서 지키지 않으시면 스스로를 지키는 것은 헛될 뿐임을 보여 주시려고 주님은 롯의 패배를 허락하시고 그를 온전한 자기부인의 길로 인도하십니다.

20장

1. 아브라함이 거기서 네게브 땅으로 옮겨가 가데스와 술 사이 그랄에 거류하며
2. 그의 아내 사라를 자기 누이라 하였으므로 그랄 왕 아비멜렉이 보내어 사라를 데려갔더니
3. 그 밤에 하나님이 아비멜렉에게 현몽하시고 그에게 이르시되 네가 데려간 이 여인으로 말미암아 네가 죽으리니 그는 남편이 있는 여자임이라
4. 아비멜렉이 그 여인을 가까이하지 아니하였으므로 그가 대답하되 주여 주께서 의로운 백성도 멸하시나이까

아브라함은 사라가 자기 누이임이 거짓말이 아니라는 것을 증명하기 위해 어머니는 다르지만 한 아버지의 소생이라고 설명합니다. 하지만 사라는 아버지 데라의 친딸이 아닌 아브라함의 형제 하란의 딸이었습니다. 따라서 사라는 데라의 손녀이자 아브라함의 조카가 되지요. 사라는 데라의 손녀였지만 당시에는 손자 손녀를 아들과 딸로 부르기도 했기에 아브라함은 그녀가 자기 누이라고 말합니다. 여기서 아브라함의 잘못이 있다면 아내의 생명과 자존심을 노출시켰다는 점입니다. 위대한 믿음의 사람은 하나님께서 말씀하

신 것 외에 다른 일을 행하지 않습니다. 따라서 이 사건은 주께서 아브라함으로 하여금 이처럼 행동하게 인도하셨다고 볼 수 없습니다. 다만 이러한 사건을 허락하신 이유는 누구나 주를 신뢰하는 자는 위대한 믿음의 사람 아브라함처럼 각별히 보호하고 지키신다는 것을 나타내기 위함이었습니다.

혹자는 아브라함의 믿음이 크고 하나님의 행하심이 그 위에 있었다면, 설령 아브라함이 사라를 자기 누이라 말해도 아비멜렉이 그녀를 건드리지 못할 것임을 아브라함에게 미리 알려 주셨을 거라고 생각할지도 모르겠습니다. 하지만 한 영혼을 믿음의 길로 인도하실 때에는 종종 앞으로 일어날 일에 대한 아무런 확신이 없어도 그저 주님의 뜻대로만 행하고, 그러한 상황 속에서 더욱 믿음과 자기부인 안에 거할 수 있도록 주께서는 당신의 계획을 숨기십니다. 뿐만 아니라 주님은 이 사건을 통해 전적으로 하나님 안에 자신을 부인한 영혼들을 향한 주의 보호하심과 이들 편에 서신 주님 자신을 현저히 드러내심으로써 믿음의 영혼들이 어떤 상황 속에서도 담대히 전진할 수 있도록 본을 삼고자 하셨습니다.

5. 그가 나에게 이는 내 누이라고 하지 아니하였나이까 그 여인도 그는 내 오라비라 하였사오니 나는 온전한 마음과 깨끗한 손으로 이렇게 하였나이다
6. 하나님이 꿈에 또 그에게 이르시되 네가 온전한 마음으로 이렇게 한 줄을 나도 알았으므로 너를 막아 내게 범죄하지 아니하게 하였나니 여인에게 가까이하지 못하게 함이 이 때문이니라

실제로 무지에서 비롯된 행동은 죄가 아닙니다. 이처럼 죄가 아니라는 판단을 내릴 수 있는 근거에는 두 가지, 곧 바로 무지와 순전한 마음이 있습니다.

우리에게 필요한 것은 후자입니다. 그런 이유로 하나님께서는 아비멜렉에게 이와 같이 말씀하셨습니다. **"네가 온전한 마음으로 이렇게 한 줄을 나도 알았으므로 너를 막아 내게 범죄하지 아니하게 하였나니…"** 하나님께서는 순전함으로 주 앞에 나오는 자들이 영적으로든 육적으로든 무지 때문에 죄를 짓지 않게 하시려고 곧바로 기적을 베풀어 이들로 범죄하지 않게 하시고 이어서 말씀하십니다. **"…여인에게 가까이하지 못하게 함이 이 때문이니라."**

하지만 모르고 짓는 죄들 대부분은 알고 짓는 다른 죄로 인한 부패한 마음에서 시작됩니다. 이런 자들은 마음의 순전함이 아닌 부패된 마음에서 비롯된 악 때문에 죄라고 인식하지 못한 영역에서조차 죄를 짓습니다. 이처럼 정직함과 순전함은 우리에게 큰 유익을 줍니다. 하나님께서는 우리를 청결하고 정직하게 만드는 순전함을 가장 먼저 요구하십니다. 순전한 사람들은 겉으로는 잘못을 저지르는 것같이 보일지라도 사실은 그렇지 않습니다. 이에 반해 위선자들은 겉으로는 의로워 보여도 술책과 이중성으로 인해 죄를 짓습니다.

9. 아비멜렉이 아브라함을 불러서 그에게 이르되 네가 어찌하여 우리에게 이렇게 하느냐 내가 무슨 죄를 네게 범하였기에 네가 나와 내 나라가 큰 죄에 빠질 뻔하게 하였느냐 네가 합당하지 아니한 일을 내게 행하였도다 하고

10. 아비멜렉이 또 아브라함에게 이르되 네가 무슨 뜻으로 이렇게 하였느냐

11. 아브라함이 이르되 이곳에서는 하나님을 두려워함이 없으니 내 아내로 말미암아 사람들이 나를 죽일까 생각하였음이요

12. 또 그는 정말로 나의 이복누이로서 내 아내가 되었음이니라

아브라함을 향한 아비멜렉의 질책에서 이 왕의 무죄함과 순전한 마음, 그리고 하나님을 향한 두려움을 볼 수 있습니다. 주께서는 이를 통해 사라를 건지시고, 아비멜렉을 죄로부터 지키시는 두 가지 기적을 행하십니다. 이처럼 완전히 주님을 의지하고, 그분을 기쁘게 해 드리고자 하는 순전한 열망을 지키며, 죄를 참으로 미워하는 작은 자들에게는 하나님의 성실하심이 나타납니다.

16. 사라에게 이르되 내가 은 천 개를 네 오라비에게 주어 어디에 가서 누구를 만나든 베일로 네 얼굴을 가리도록 하였으니 이로써 네가 이미 취함을 입은 자인 줄 알 것이라(그것으로 너와 함께한 여러 사람 앞에서 네 수치를 가리게 하였노니 네 일이 다 해결되었느니라-우리말 성경)

아름다움은 순결함을 지니고 있다 하더라도 스스로를 가리는 거룩한 정숙함이 없다면 언제든지 침해당할 수 있습니다. 따라서 사라와 같이 거룩한 여성이라 할지라도 부인이 아닌 소녀로 보여졌다는 점에서 훈계가 필요하였고, 아비멜렉 사건은 이에 대한 지혜로운 조언을 해줍니다. 이 시대의 허영에 속고 있는 크리스천 여성들에게 참으로 필요한 경고가 아닐는지요! 오늘날 교회를 그토록 어지럽히는 정숙하지 못함과 과도한 노출에 대하여 견고하여 흔들리지 않고 꾸짖을 수 있는 자질을 가진 자들이 얼마나 필요한지요! 마음이 순수하다는 것으로는 충분치 않습니다. 미(美)의 소유자 스스로는 범죄와는 거리가 먼 마음을 지니고 있다 하더라도, 지나치게 노출되는 아름다움 때문에 타인이 죄를 범할 수 있는 상황을 막기 위한 외적인 정숙함이 우리에게 필요합니다.

아비멜렉이 사라의 수치를 풀게 하였다는 구절은 크리스천 여성들에게 매우 큰 교훈입니다. 여성들은 특별히 교회에서 언제나 자신을 가려야 합니다. 이것은 사도 바울의 권고이기도 하며, 아무리 강조해도 지나치지 않습니다. 왜냐하면 외면은 종종 마음의 부패함이나 청결함을 나타내는 척도이기 때문입니다.

얼굴을 가리는 베일은 신적이며 신비적인 의미를 가지고 있습니다. 당대에 하나님께 가장 큰 은총을 입은 사라에게 베일을 주신 이유는 내적인 사람들에게 두 가지를 가르치시기 위함입니다. 첫째로, 우리에게는 침묵과 물러섬이라는 베일 뒤로 하나님께서 주신 은사들을 지킬 의무가 있습니다. 둘째로, 영혼에게 베푸신 하나님의 은사와 은총이 허영심이라는 통로를 통해 마귀의 함정 앞에 노출되는 것을 막기 위해 발가벗은 믿음을 베일로써 사용하사 이들을 가리십니다. 아비멜렉은 사라에게 베일로 자신을 가려 이미 취함을 받은 자임을 기억하라고 말합니다. 이후부터 사라에게 아무런 위협이 없었듯이, 벌거벗은 믿음으로 자신을 덮은 영혼에게는 이 믿음이 확실한 보호가 됩니다. 이 믿음 뒤로 은혜와 덕이 가려져 헛된 만족 때문에 폐허가 되는 것이 방지되기 때문이지요.

21장

1. 여호와께서 말씀하신 대로 사라를 돌보셨고 여호와께서 말씀하신 대로 사라에게 행하셨으므로
2. 사라가 임신하고 하나님이 말씀하신 시기가 되어 노년의 아브라함에게 아들을 낳으니

말씀하신 기한이 되어 약속을 이루시는 주님을 보십시오. 약속이 언제나 우리 생각대로 성취되는 것은 아닙니다. 아브라함의 믿음으로 시작된 참된 속사람의 생명은 사라의 자기부인을 통해 해산됩니다. 따라서 아브라함은 모든 속사람의 아버지라고도 할 수 있습니다. 사도 바울이 기록한 바와 같이 그는 "모든 믿는 자들의 아버지"입니다. 속사람의 신비한 생명은 믿음에 그 기원을 두고 있습니다.

3. 아브라함이 그에게 태어난 아들 곧 사라가 자기에게 낳은 아들을 이름하여 이삭이라 하였고
4. 그 아들 이삭이 난 지 팔 일 만에 그가 하나님이 명령하신 대로 할례를 행하였더라
7. 또 이르되 사라가 자식들을 젖먹이겠다고 누가 아브라함에게 말하였

으리요마는 아브라함의 노경에 내가 아들을 낳았도다 하니라

속사람이 태어나면 믿음이 **할례**를 통해 그를 정결케 하고, 신뢰와 자기부인이라는 **젖**을 먹여 그를 양육합니다.

8. **아이가 자라매 젖을 떼고 이삭이 젖을 떼는 날에 아브라함이 큰 잔치를 베풀었더라**

어린 속사람은 감각적 신뢰라는 달콤한 젖을 통해 양육되다가 본질로 나아가기 위해 영적 유아기에 만족을 주던 젖줄로부터의 단절을 경험하게 됩니다. 이때 영혼은 비통을 경험하지만 믿음(아브라함)은 기뻐하며 **큰 잔치**를 베풉니다. 어린 속사람은 이러한 첫 단절을 통해 영적 생명 속에서 성장하며 성숙해 갑니다.

9. **사라가 본즉 아브라함의 아들 애굽 여인 하갈의 아들이 이삭을 놀리는지라**
10. **그가 아브라함에게 이르되 이 여종과 그 아들을 내쫓으라 이 종의 아들은 내 아들 이삭과 함께 기업을 얻지 못하리라 하므로**

자기부인(사라)은 달콤함과 영적 생명의 젖으로부터 이제 막 젖을 뗀 속사람이 활동적이고 복잡한 삶에 의해 놀림 당하는 것을 보고 믿음(아브라함)에게 말합니다. "인간적인 방법과 복잡함에서 비롯된 모든 것들을 **내쫓으세요.** 그리고 그런 데 집착하여 그 너머로 나아가지 않으려는 자들과 내 아들이 교섭하지 못하게 하세요." 자기 방법의 종이 된 자들은 결코 하나님을 기업으로 얻지 못합니다. 그분은 자유자의 **기업**이시기 때문입니다. 우리가 온전한 자기부인으로 얻은 속사람을 통해 주님께 나아갈 때 오직 하나님만이 우리의 영원한 기업이 되십니다.

11. 아브라함이 그의 아들로 말미암아 그 일이 매우 근심이 되었더니

아브라함은 이스마엘 역시 자신의 아들이었기 때문에 자기 집에 두고 싶어 합니다. 그도 믿음의 아들이기는 하지만 그 안에는 인간적인 의가 혼합되어 있습니다.

12. 하나님이 아브라함에게 이르시되 네 아이나 네 여종으로 말미암아 근심하지 말고 사라가 네게 이른 말을 다 들으라 이삭에게서 나는 자라야 네 씨라 부를 것임이니라
13. 그러나 여종의 아들도 네 씨니 내가 그로 한 민족을 이루게 하리라 하신지라

하나님께서는 아브라함으로 나타나는 믿음에게 그의 인간적 본성 속에 거하고 있는 아들을 떠나보낼 것과, 자기부인이 명한 바를 그저 따를 것을 말씀하십니다. 또한 자기부인(사라)과 믿음(아브라함)으로부터 난 자를 통해 그의 자손이 번성할 것에 대한 계획을 밝히십니다.

이러한 이유로 성경에서는 이스마엘에 대하여 한 민족의 아버지라고만 할 뿐 아브라함과는 분리시켜 기록하고 있습니다. 하지만 이삭에 관해서는 아브라함으로부터 나올 수많은 민족을 이야기합니다. 이것은 오직 자기부인을 통해서만이 믿음이 그 열매를 볼 수 있음을 의미합니다.

14. 아브라함이 아침에 일찍이 일어나 떡과 물 한 가죽부대를 가져다가 하갈의 어깨에 메워 주고 그 아이를 데리고 가게 하니 하갈이 나가서 브엘세바 광야에서 방황하더니

믿음은 이들에게 **떡**과 **물** 한 가죽부대를 메워 줍니다. 이것은 걸을 수 있는 힘을 주는 양분인 감각적 은혜를 의미합니다. 하지만 물, 즉 감각적 은혜가 떨어지기 시작하자 이들은 용기를 잃기 시작합니다. 하갈과 그녀의 아들은 **광야에서 방황**하였습니다. 이것은 종의 자녀에게는 순전함과 자기부인이 걷는 평탄한 길이 없음을 의미합니다. 이 같은 자들은 여기저기로 방황하다가 감각적인 은혜의 물이 떨어지면 낙심하여 걷기를 포기하고 멈춰버립니다.

15. 가죽부대의 물이 떨어진지라 그 자식을 관목덤불 아래에 두고
16. 이르되 아이가 죽는 것을 차마 보지 못하겠다 하고 화살 한 바탕 거리 떨어져 마주 앉아 바라보며 소리 내어 우니

그 자식을 관목덤불 아래에 두었다는 것은 땅의 것들에 모든 소망을 두었음을 의미합니다. 그런 다음 자식에게서 멀리 떨어져서 그동안 자신이 의지하던 것들을 상실했다는 생각에 울어버립니다. "그토록 큰 고통 속에서 낳은 아들이 죽는 것을 내가 보아야 하는가?" 영혼의 이러한 괴로움은 하나님께로 돌아가 주님 앞에 앉아 울부짖게 만듭니다. 이처럼 근심과 신음으로 지쳐 있다가 안식을 찾을 때 하나님께서는 이들을 잊지 않으시고 새로운 은혜와 달콤함을 보내사 다시 소성케 하시고 가던 길을 가게 하십니다. 이것이 없었다면 이들은 모든 것을 포기해 버렸겠지요.

17. 하나님이 그 어린아이의 소리를 들으셨으므로 하나님의 사자가 하늘에서부터 하갈을 불러 이르시되 하갈아 무슨 일이냐 두려워하지 말라 하나님이 저기 있는 아이의 소리를 들으셨나니

19. 하나님이 하갈의 눈을 밝히셨으므로 샘물을 보고 가서 가죽부대에 물을 채워다가 그 아이에게 마시게 하였더라

20. 하나님이 그 아이와 함께 계시매 그가 장성하여 광야에 거주하며 활 쏘는 자가 되었더니

주님께서는 **그 어린아이의 소리를 들으시고** 그가 열심을 내어 이루고자 했던 선한 일들을 기억하사 연약한 자들을 향한 주님의 긍휼하심으로 위로하십니다. 하지만 이 영혼은 모든 것을 자기 힘으로 하려 하기 때문에 주님은 그로 하여금 샘물을 보고 가서 직접 채워다가 마시게 하십니다. 이렇게 스스로 물을 채워다가 마시는 자들은 오직 땅의 물만 얻을 뿐입니다. 행위와 초조함, 오만한 생각에 눌린 자들의 모습이 이와 같습니다. 하나님께서는 여전히 이들의 작은 근심도 받아 주시고 함께하시지만, 결국 이런 자들은 전쟁을 통해 살아가며, 노동이나 싸움을 통해 얻은 것으로 생계를 유지합니다. 인간적 행위로 유지되는 생명에는 결국 이보다 나을 것이 없습니다.

33. 아브라함은 브엘세바에 에셀 나무를 심고 거기서 영원하신 여호와의 이름을 불렀으며

34. 그가 블레셋 사람의 땅에서 여러 날을 지냈더라

모든 믿는 자들의 아버지이자 가장 큰 믿음의 소유자인 아브라함은 어디를 가든 하나님의 이름을 부릅니다. 쉬지 않고 기도하던 아브라함은 어느 곳에서나 간구와 기도, 희생 제사의 흔적을 남깁니다. 위 구절에서 하나님을 **영원하신 여호와**라고 기록한 것은 주님께서 언제나 예배와 기도를 받기에 합당하신 분이기 때문입니다. 하나님 되신 그분께 우리는 쉬지 않고 예배와 기도를 올려 드려야 합니다. 예수님께서도 말씀하셨습니다. **"항상 기도하고 낙심하지 말라."** 사도 바울 역시 우리에게 쉬지 말고 기도하라고 당부했습니다. 이처럼 오직 믿음의 단계에 가야만 계속적으로 기도할 수 있습니다.

하나님께서는 믿음의 영혼들에게 한 가지를 더 요구하십니다. 바로 이 땅에서 나그네 된 삶입니다. 물질적인 것이든 영적인 것이든 이 세상에 피조된 어떤 것에도 멈추지 않고 오직 하나님께로만 향해야 합니다. 아브라함이 정해진 거처 없이 이 땅에서 나그네로 있었던 것과 같이 우리는 모든 것으로부터 해방된 삶을 살아야 합니다. 형식적인 믿음을 가진 자들에게는 이와 같은 삶을 요구하지 않으시지만, 주님은 아브라함의 자손으로 부르신 자들에게는 요구하십니다.

주님은 우리의 속사람이 오직 믿음과 자기부인을 통해서만 살기를 바라십니다. 믿음과 자기부인이 없는 모든 것들은 가상일 뿐 진실이 아닙니다. 주님만을 바라보는 믿음이 아니라 은사로 살아가는 자들은 자기 혼자서도 잘 살고, 적당한 쉼 속에서 만족을 누립니다. 하지만 믿음으로 사는 자들은 자신의 고향과 친척과 아버지의 집을 떠나 하나님께서 보여 주시는 땅, 곧 하나님 자신께로 가는 아브라함과 같이 자신을 완전히 버려야만 안식할 수 있습니다. 곧 창조주 안에서 나를 잃어버리기 위해 자신을 완전히 포기하고, 마음속에 믿음이 들어왔을 때 주어진 약속에 따라 참 근원 안에 있는 거처로 돌아갈 때까지 쉬지 않고 걸어가는 것입니다. 이러한 부르심의 길은 걷기 시작하는 순간부터 자기 자신과 피조된 것 어느 하나에서도 안식을 찾지 못하는 고통을 겪습니다. 하지만 이 길을 통해 모든 것은 나 자신으로부터 벗어나야 제대로 볼 수 있다는 것과, 성실하게 믿음을 따라간다면 아무리 어렵게 보이는 순간이라도 절대 패배할 수 없다는 것을 깨닫게 됩니다.

22장

1. 그 일 후에 하나님이 아브라함을 시험하시려고 그를 부르시되 아브라함아 하시니 그가 이르되 내가 여기 있나이다
2. 여호와께서 이르시되 네 아들 네 사랑하는 독자 이삭을 데리고 모리아 땅으로 가서 내가 네게 일러 준 한 산 거기서 그를 번제로 드리라

주님께서는 아브라함의 믿음과 완전히 벌거벗은 상태를 시험하시기 위해 그에게 있는 모든 버팀목을 벗겨내십니다. 인간적인 버팀목이라면 이미 그의 고향 집을 떠나 올 때 벗겨졌지만, 이제는 하나님께로부터 온 버팀목인 축복과 약속마저 벗겨내시기 위해 주님은 모든 선을 넘기 시작하십니다. 이처럼 과감한 방법으로 그의 믿음을 시험하사 주를 향한 사랑을 더욱 정결케 하실 뿐 아니라, 모든 자기 유익을 포기하게 하시고, 매우 그럴듯하게 보이는 집착을 모조리 떼어내십니다.

주님이 말씀하십니다. **네 아들을 번제로 드리라.** 그냥 아들도 아닌 독자였으니 얼마나 사랑스러웠을까요? 주님은 계속 말씀하십니다. **네 아들 네 사랑하는 독자 이삭을 데리고….** 눈에 넣어도 아프지 않은 자식이었을 이삭에게 상실이 가진 위대함을 안겨주는 대목입니다. 인내로만 가야 하는 길이야말로 참으로 믿음을 시험할 수 있습니다. 수동적인 삶, 즉 관상의 삶을 상징

하는 이삭이 이제 죽게 되었습니다. 믿음은 희생을 통해 이 생명을 죽일 때 비로소 하나님 안에서의 완전한 상실을 방해하는 것이 아무것도 남아 있지 않게 됩니다.

아브라함의 믿음을 빼앗아 갈 수도 있었던 가혹한 시험과 명령은 사람의 피를 흘리지 말라고 하신 하나님의 명령과 모순됩니다. 또한 이성적으로도 존속 살인은 매우 두려운 사건입니다. 하지만 믿음은 이 모든 것을 감수합니다. 이제 그는 모든 이성과 믿음을 초월하여 오직 하나님만을 신뢰하면서 자신에게 주어진 명령을 실행에 옮기기 시작합니다. 그 무엇에도 비교할 수 없는 믿음을 통해 아브라함은 약속으로 받은 독자 이삭을 제사로 드립니다. 이삭으로부터 그의 후손이 말미암을 거라 하셨지만, 하나님의 명령대로 그를 드립니다. 하지만 아브라함은 주께서 이삭을 다시 살리실 수 있을 거라 생각하였고, 사도 바울도 이 위대한 희생 제사를 그의 글에서 칭송하였지요.

하나님의 지혜는 때로 지나쳐 보이는 듯한 요구를 통해 주님 안에서 자기를 완전히 부인한 자들의 믿음의 크기를 시험하십니다. 행위로 사는 인생은 작은 것에도 용기를 잃어버립니다. 그는 감각적인 은혜의 물을 잃어버리기라도 하면 괴로워하며 가던 길을 멈춰 버리곤 하지요. 하지만 믿음은 가장 사랑하는 것을 잃어버리는 상황 속에서도 결코 흔들리지 않습니다. 자기 행위로 사는 삶이 열매를 잃어버리는 것에 대해 비통해하는 반면 믿음으로 사는 삶은 자기 자신을 희생 제사로 드립니다. 이 두 가지 길의 차이는 매우 실재적입니다. 본 장에서는 그 두 가지 길이 명백히 대조되어 있습니다. 우리는 아브라함, 하갈, 이삭, 이스마엘의 이야기를 통해 두 가지 길과 두 가지 용기를 볼 수 있습니다.

3. 아브라함이 아침에 일찍이 일어나 나귀에 안장을 지우고 두 종과 그

의 아들 이삭을 데리고 번제에 쓸 나무를 쪼개어 가지고 떠나 하나님이 자기에게 일러 주신 곳으로 가더니

아브라함의 신속한 믿음의 순종을 보십시오! 그는 날이 채 밝기도 전에 **일찍이** 집을 나섭니다. 날이 밝기 전의 모습은 모든 빛과 표적이 벗겨진 어둠 속에서의 믿음을 상징합니다. 믿음은 스스로 모든 것을 행합니다. 처음에는 두 종을 데리고 갔지만, 번제를 드리는 일에는 남이 도움이 되지 못합니다. **번제에 쓸 나무를 쪼개어 가지고 떠났다**는 구절을 통해 순종을 교묘히 피할 만한 어떤 여지도 남겨 놓지 않은 아브라함의 신앙을 엿볼 수 있습니다. 크도다 믿음의 성실함과 관대함이여! 위대한 민족의 뿌리이자 근원은 좋은 토대에서부터 비롯되며, 하나님께서 인정하시는 성도들일수록 사람의 눈에는 숨겨져 있습니다.

4. 제삼일에 아브라함이 눈을 들어 그곳을 멀리 바라본지라

완전히 벌거벗은 믿음의 인내는 모든 생각과 우여곡절을 견뎌냅니다. 죄도 없는 사랑하는 아들을 희생 제사로 드려야 한다는 것을 문제로 삼지 않는 그의 믿음은 긴 여정 가운데에서도 흔들리지 않습니다. 속았거나 실수했을 가능성과, 하나님께 죄를 범하고 사랑하는 아들을 향해 잔인한 일을 계획한 것일 수도 있다는 두려움 등 모든 자연적인 이유뿐 아니라 신적인 이유가 마음속에서 일어나 아브라함으로 하여금 가던 길을 멈추고 돌아가게 했을 수도 있지 않았을까요? 하지만 벌거벗은 믿음은 이러한 논리적 사고를 벗어버렸기 때문에 위 가능성은 조금도 염두에 두거나 쳐다보지도 않습니다. 오직 하나님의 명령이라는 이유 하나만으로도 그에게는 충분했습니다. 하나님께서 자신이 믿고 안 믿고를 따져 보지 않고 명령하셨다는 사실을 믿기 때문에 더 이상의 설명이 필요하지 않았습니다. 그에게는 이제 오직 듣는 귀만 있을 뿐입니다. 실로 이러한 믿음은 산을 움직일 뿐 아니라 더 불가능한 일들도 이루어지게 합니다.

5. **이에 아브라함이 종들에게 이르되 너희는 나귀와 함께 여기서 기다리라 내가 아이와 함께 저기 가서 예배하고 우리가 너희에게로 돌아오리라 하고**

아브라함이 제사 장소에 종을 데리고 가지 않은 이유는 종이 자기 앞에 벌어지는 상황을 감당하지 못해 분개할 수 있기 때문입니다. 고용인처럼 하나님을 섬기는 자들에게는 결코 속사람의 비밀을 드러내 보여 줄 수 없습니다. 숭고한 믿음의 길은 오직 사리사욕 없이 친구로 주님을 섬기는 자들에게 부여됩니다. 하지만 극도의 자기부인은 오직 자녀들만을 위한 것입니다. 이삭은 하나님께서 주관하시는 제사의 제물이 되는 특권을 받았습니다. 어쩌면 아브라함은 겉으로는 무모하게 보여도 속에 담긴 주님의 호의가 베풀어지는 것에 대해 종의 마음에서 일어날 수 있는 거짓 동정심이 걸림돌이 될까 봐 그를 두고 갔을지도 모르겠습니다.

6. **아브라함이 이에 번제 나무를 가져다가 그의 아들 이삭에게 지우고 자기는 불과 칼을 손에 들고 두 사람이 동행하더니**

여기에서 우리는 무엇을 보아야 할까요? 가엾은 제물에게 무정하게 나무를 지우는 불굴의 믿음일까요, 아니면 희생 제사를 완성시킬 십자가를 상징하는 번제 나무를 받아든 영혼의 관용일까요? 믿음과 십자가, 그리고 번제물은 고난을 향한 영혼의 행보에 동참합니다.

불과 칼은 제물을 재로 만드는 데 함께 일합니다. 예수 그리스도의 말씀이 붙드시는 속사람의 형상이 얼마나 놀라운지요! 주님은 말씀하셨습니다. "내가 불을 땅에 던지러 왔노니 이 불이 이미 붙었으면 내가 무엇을 원하리요!" 또한 말씀하셨습니다. "내가 세상에 화평을 주려고 온 줄로 생각지 말라 화평이 아니요 검을 주러 왔노라." 칼은 죽이고 불은 태웁니다. 완전히 벌거벗은 믿음은 영혼 안에 이러한 참해를 남깁니다.

7. 이삭이 그 아버지 아브라함에게 말하여 이르되 내 아버지여 하니 그가 이르되 내 아들아 내가 여기 있노라 이삭이 이르되 불과 나무는 있거니와 번제할 어린 양은 어디 있나이까

이삭의 질문은 고난의 장소에 다다르기까지 영혼이 가지고 있던 믿음에 대한 무지를 보여 줍니다. 아브라함의 대답은 믿음으로서 모든 섭리하심에 자기를 내어 던지는 포기를 나타냅니다. 또한 더 이상의 질문을 하지 않는 이삭의 유순함은 오직 믿음과 자기부인에 의해 인도함을 받는 영혼의 고난 속에서의 성실함을 보여 줍니다. 순결한 제물이 된 이 영혼은 흑암과 죽음과 상실을 통과할지라도 흔들리지 않습니다.

8. 아브라함이 이르되 내 아들아 번제할 어린 양은 하나님이 자기를 위하여 친히 준비하시리라 하고 두 사람이 함께 나아가서

9. 하나님이 그에게 일러 주신 곳에 이른지라 이에 아브라함이 그곳에 제단을 쌓고 나무를 벌여놓고 그의 아들 이삭을 결박하여 제단 나무

위에 놓고

제물이 된 자는 믿음에 합하고, 십자가에 매이기를 주저하거나 애통해하지 말고 바로 칼 아래 자신의 목을 낮추어야 합니다. 이 모든 일은 깊은 고요함과 죽음 속에서 일어납니다. 이곳에서는 그 어떤 자연적인 위안이나 작은 탄식, 신음도 용납되지 않습니다. 이삭의 자연적 생명에는 아무런 죽음이 일어나지 않았지만 신비에 속한 죽음은 성취되었습니다. 모든 소망과 생명에 대한 모든 욕구가 그 안에서 소멸되었습니다. 이제 그의 생명은 죽고 오직 하나님 안에서의 생명만이 있을 뿐입니다. 이삭은 이 위대한 희생 제사에 대한 대가를 온 마음으로 받아들였습니다. 숫양의 죽음은 이삭 안에서 일어난 신비로운 죽음의 모형이었습니다. 이삭 대신에 죽은 양은 그를 위한 예수 그리스도의 신비한 죽음이기도 합니다.

10. 손을 내밀어 칼을 잡고 그 아들을 잡으려 하더니
11. 여호와의 사자가 하늘에서부터 그를 불러 이르시되 아브라함아 아브라함아 하시는지라 아브라함이 이르되 내가 여기 있나이다 하매
12. 사자가 이르시되 그 아이에게 네 손을 대지 말라 그에게 아무 일도 하지 말라 네가 네 아들 네 독자라도 내게 아끼지 아니하였으니 내가 이제야 네가 하나님을 경외하는 줄을 아노라

이와 같은 제사는 오직 믿음으로 진행됩니다. 아브라함은 그의 **손을 내밀어** 기꺼이 자신의 사랑하는 아들을 희생 제물로 바치고자 하였습니다. 이처럼 아브라함이 명령을 실행하기 바로 직전에 놀라운 계획 안에서 이를 막으시는 주님의 방법과 때는 동일한 길을 가는 영혼들을 주께서 어떻게 다루시는지를 보여 줍니다. 주님께서는 최후의 순간까지 아무런 말씀 없이 기다리십니다. 따라서 사람은 주님이 무슨 일을 행하실지 어떤 예고도 받지 못한 채 아무것도 확신할 수 없습니다. 모든 것이 이루어지는 신적인 때는 오직 성취되는 순간에만 알 수 있습니다. 그리하여 주님께서는 사람으로 하여금 완전한 상실 속에서도 오직 묵묵히 걷게 하시다가 그 일을 이루실 때에야 비로소 나타내 보이십니다.

이것은 순전한 사랑을 시험하기 위한 것이기도 합니다. 주님의 뜻을 행하기 위해 모든 것을 잃어버리고, 명백한 친자를 죽이는 죄를 범하는 것처럼 보이는 상황 가운데 아브라함은 전적인 자기부인과 주님의 지혜와 능력을 철저히 신뢰하면서 이를 실행합니다. 자기부인과 믿음 가운데 행하는 영혼들은 극심한 필요를 직면할 때 그 속에서 구조하시는 주님의 신속함을 경험하고 이를 통해 더 큰 자기부인과 믿음을 갖게 됩니다. 이러한 자기부인과 믿음을 가진 자들은 창조주께 완전히 던져진 인생 위에 임하신 주님의 돌보심을 갑절로 경험하게 되고, 이들이야말로 참된 하나님의 영혼들입니다.

13. 아브라함이 눈을 들어 살펴본즉 한 숫양이 뒤에 있는데 뿔이 수풀에 걸려 있는지라 아브라함이 가서 그 숫양을 가져다가 아들을 대신하여 번제로 드렸더라

주님께서 때로 모든 것을 희생 제물로 받기 원하시는 것처럼 보이지만, 사실 드리는 그 시점에서 최소한의 것으로 만족하십니다. 그리하여 주님은 **이삭** 대신 **숫양**을 받으십니다.

15. 여호와의 사자가 하늘에서부터 두 번째 아브라함을 불러

16. 이르시되 여호와께서 이르시기를 내가 나를 가리켜 맹세하노니 네가
이같이 행하여 네 아들 네 독자도 아끼지 아니하였은즉
17. 내가 네게 큰 복을 주고 네 씨가 크게 번성하여 하늘의 별과 같고 바
닷가의 모래와 같게 하리니 네 씨가 그 대적의 성문을 차지하리라

주님은 그 종의 담대한 희생 제사에 지제하지 않고 상을 주십니다. 신비한 죽음은 실제로 제물이 된 숫양의 죽음과 소멸을 통해 성취됩니다. 양은 이삭을 대신하여 죽어 재가 되었습니다. 이로 인해 하나님께서는 이렇게 신실한 영혼에게 처음 것보다 더 큰 새로운 은총을 부으십니다. 여기서 우리가 주목해야 할 것은 제물과 번제가 언급되기 시작한 순간부터 모든 약속이 그치고 말씀에서조차 더 이상 약속에 대한 언급이 나오지 않았다는 사실입니다.

하지만 그럼에도 불구하고 우리의 믿음의 선조들은 죽음 속을 걸었습니다. 제물로 바치는 순간에는 모든 것이 소멸되는 것처럼 보였기에 그들에게 주어진 약속조차도 헛되고 무익하게 보였을 것입니다. 하지만 벌거벗은 믿음은 더 이상 축복이나 과거의 은총, 주어진 약속 자체에도 미련을 가지지 않습니다. 이러한 것들을 기억하기라도 한다면 그 기억은 죽음을 가중시킬 뿐입니다. 더 이상 약속을 그 안에서 발견할 수 없고, 자신을 위해 어떤 것도 취할 수 없습니다. 하지만 제사의 때가 끝나 죽음이 성취되면 하나님께서는 모든 것들을 이전과는 다른 방법으로 처음보다 더 크게 이들을 회복시키십니다. 이런 자들은 자기 자신을 더 이상 행위 위에 놓지 않고, 스스로를 자기 것으로 여기지도 않으며 오직 하나님께 속하고 하나님 안에 있는 자로 여깁니다.

네 씨가 그 대적의 성문을 차지하리라는 말씀은 이전에 무자비하게 자신을 대적하던 원수들을 이제는 자아의 죽음을 통해 그들보다 더 강해졌으므로 다스리고 마치 결박된 자를 다루듯이 지배할 수 있다는 뜻입니다. 대적의

성문을 차지한다는 것은 그를 결박하여 가둬두고 그 위에서 다스린다는 뜻입니다. 이와 같은 영혼들은 더 이상 사탄을 두려워할 수 없습니다. 이들은 주를 향한 큰 사랑으로 인하여 자기 자신을 완전히 주님께 내어드렸기 때문에 하나님께서는 사탄으로 하여금 이들의 지배를 받게 하십니다.

18. 또 네 씨로 말미암아 천하 만민이 복을 받으리니 이는 네가 나의 말을 준행하였음이니라 하셨다 하니라

위 구절은 주님을 위해 자기를 완전히 부인한 사람들을 통해 주께서 베푸시는 상상을 초월하는 모든 축복을 말씀하고 계십니다. 가장 큰 축복은 사람들의 마음속에 예수 그리스도가 새겨지는 것입니다. 왜냐하면 그분을 통해야만 모든 거룩한 나라들이 복을 받기 때문입니다. 사도 바울은 이렇게 기록하였습니다. "이 약속들은 아브라함과 그 자손에게 말씀하신 것인데 여럿을 가리켜 그 자손들이라 하지 아니하시고 오직 하나를 가리켜 네 자손이라 하셨으니 곧 그리스도라."

23장

1. 사라가 백이십칠 세를 살았으니 이것이 곧 사라가 누린 햇수라
2. 사라가 가나안 땅 헤브론 곧 기럇아르바에서 죽으매 아브라함이 들어
가서 사라를 위하여 슬퍼하며 애통하다가

믿음과 **자기부인**이 함께 신비한 죽음을 이뤄내지만, 자기부인 역시 상실되어야 합니다. 자기부인은 하나님 안에 감춰질수록 더 완전해지게 됩니다. 자기부인이 인식의 범위에서 존재하던 속성과 행위로 뭔가 해보려는 기질은 영혼 소멸에 장애물이 될 수 있기에 제거되어야 합니다. **사라**로 상징되던 **자기부인**은 이와 같은 이유로 죽음을 맞이하게 됩니다. 이러한 영혼은 자기 자신을 이미 부인하였기 때문에 더 이상 무언가를 할 힘을 모두 잃게 됩니다. 그가 하나님 안에 들어가 완전한 결핍 상태에 거하게 되면 그곳까지 영혼을 인도한 **자기부인**은 영혼을 두고 떠나게 됩니다. 영혼은 스스로 이제 자기부인조차 할 수 없다는 사실에 직면하며 그 상실의 흔적인 **눈물**의 대가를 지불하게 됩니다. 하지만 하나님 안에서 경험하는 결핍과 상실 안에서 견고해지면 고통은 점점 사라져 **자기부인**이 더 이상 인식되지 않고 오히려 이전보다 더 정결해집니다.

3. 그 시신 앞에서 일어나 나가서 헷 족속에게 말하여 이르되
4. 나는 당신들 중에 나그네요 거류하는 자이니 당신들 중에서 내게 매장할 소유지를 주어 내가 나의 죽은 자를 내 앞에서 내어다가 장사하게 하시오
5. 헷 족속이 아브라함에게 대답하여 이르되
6. 내 주여 들으소서 당신은 우리 가운데 있는 하나님이 세우신 지도자이시니 우리 묘실 중에서 좋은 것을 택하여 당신의 죽은 자를 장사하소서 우리 중에서 자기 묘실에 당신의 죽은 자 장사함을 금할 자가 없으리이다

하나님의 지도자들이 있는가 하면 세상의 지도자들도 있습니다. 이 땅의 지도자들은 자신의 소유지에서만 권세를 가질 뿐, 자신을 다스리는 큰 자들에게는 종이기 마련입니다. 자기 위로 권세가 없다면 생존할 수도, 스스로를 지킬 수도 없을 뿐 아니라 아무 일도 맡을 수 없습니다. 하지만 하나님의 지도자들은 자녀로서 그분의 자유 안으로 들어갑니다. 그들은 타향살이 속에서도 주권적이며 위대한 삶을 살아갑니다. 이들은 모든 사람을 다스리지만 아무에게도 종이 되지 않으며, 세상 속에서는 **나그네**로서 사람을 의지하지 않습니다. 이들이 가진 권세와 위엄은 그 신비를 깨닫지 못한 자들을 놀라게 하고 경외함으로 바라보게 만듭니다. 세상의 지도자들이 사람으로부터 받은 권세의 상징을 지니듯 이들은 신성한 인(印)을 지니고 있기 때문입니다.

아브라함은 그의 넘치는 믿음으로 이 땅에서 나그네와 방랑자로 살았습니다. 그는 천국 외에 어떤 나라도 소유하지 않았습니다. 자신의 아버지 집으로부터 상속 받은 소유를 뒤로 하고 하나님을 기업으로 삼은 아브라함은 어디를 가든지 다스리는 자가 되었습니다. 그가 가졌던 독립성은 어떤 상황에

서든 드러났습니다. 아브라함은 모든 자들을 부유케 하였지만 누구에게서 아무것도 받지 않았습니다. 소돔 왕에게 "네 말이 내가 아브람으로 치부하게 하였다 할까 하여"라고 말한 것과 같이 하나님만을 기업으로 삼은 자들은 얼마나 부유한지요! 부하게 하기 위해 가난하게 되고, 오직 하나님만을 부로 삼기 위해 모든 것들을 떼어 내는 것이 바로 믿음의 속성입니다. 다윗은 이같이 알맹이만 남은 행복한 믿음의 상태를 경험하고는 이렇게 고백했습니다. "여호와는 나의 산업과 나의 잔의 소득이시니… 내게 줄로 재어 준 구역은 아름다운 곳에 있음이여, 나의 기업이 실로 아름답도다."

24장

1. 아브라함이 나이가 많아 늙었고 여호와께서 그에게 범사에 복을 주셨더라

2. 아브라함이 자기 집 모든 소유를 맡은 늙은 종에게 이르되 청하건대 내 허벅지 밑에 네 손을 넣으라

3. 내가 너에게 하늘의 하나님, 땅의 하나님이신 여호와를 가리켜 맹세하게 하노니 너는 내가 거주하는 이 지방 가나안 족속의 딸 중에서 내 아들을 위하여 아내를 택하지 말고

4. 내 고향 내 족속에게로 가서 내 아들 이삭을 위하여 아내를 택하라

이 말씀은 믿음의 인내를 보여 줍니다. 하나님 안에 굳게 자리 잡은 영혼에게는 모든 종류의 복이 끌려옵니다. 하나님과 확실한 연합을 이룬 자들은 온전히 하나님 안에 거하며 모든 선한 것들로 채움 받습니다. 우리의 영혼은 오직 믿음을 통해서만 하나님께 나아가고 **범사에 복**을 받게 됩니다. 하지만 이처럼 넘치는 복은 오직 **나이가 많아 늙을 때**, 즉 때가 차야 비로소 주어집니다.

가나안 족속의 땅은 부패한 이 세상의 모형입니다. 이곳은 결코 믿음과 공존할 수 없습니다. 믿음은 언제나 하나님을 두려워하는 백성과 동맹합니다. 이런 목적으로 믿음은 늙은 종을 부릅니다. 믿음의 **늙은 종**은 신중함을 의미합니다. 이 종은 처음부터 신실하게 섬기는 자였지만, 후에는 가장 큰 골칫거리가 됩니다. 그는 거룩한 신중함으로 하나님 안에서 자신을 부인할 수 있도록 인도해 주고, 내 손에 쥐고 있는 일은 결국 틀어지게 될 뿐임을 알려주어 결국 만사를 하나님의 손에 의탁하는 완전한 자기부인으로 인도합니다. 따라서 믿음의 여정의 시작에서 가장 필요한 존재입니다. 현인(賢人)들에 따르면 이러한 신중함은 "거룩함에 대한 지식"이기에 참된 신중함의 뒷받침이 됩니다.

하지만 지금까지 매우 유용하던 신중함이 하나님께 부인된 후에 인간적인 선견지명과 결탁하려 하는 것을 믿음이 발견하게 됩니다. 그리하여 아브라함은 엘리에셀을 불러 내적 생명을 세상과 결합시키지 않으리라 맹세케 합니다. 그 결과는 가장 가증스런 혼합물의 탄생이기 때문입니다. 아브라함은 그에게 믿음의 근원인 하나님의 자녀들의 땅으로 가서 자기부인과 믿음 안에서 태어나 내적이고 신비적 생명을 가진 자신의 아들의 배필을 찾으라 명합니다.

5. 종이 이르되 여자가 나를 따라 이 땅으로 오려고 하지 아니하거든 내가 주인의 아들을 주인이 나오신 땅으로 인도하여 돌아가리이까

신중함은 도에 넘치는 예방책을 생각하여, 내적인 길(믿음이 원하는 결혼)로 들어오고자 하는 영혼을 발견하지 못할 때, 이미 내적인 길을 가고 있는 이삭을 유일하고 순전한 길 위에 홀로 두기보다 예전에 아브라함이 떠나온 번잡함의 길로 돌이킬 것인가 질문합니다. 사실 그 길은 아브라함이 태어나기도 전부터 하나님께서 아브라함으로부터 떼어 놓으신 길이었습니다. 믿음은 영혼으로 하여금 번잡함 속에서도 오직 한 길을 걷게 하여 생명의 근원으로 돌아오게 하고, 그 위에 있는 하나님의 질서나 뜻을 거스르지 않도록 막아 줍니다.

6. 아브라함이 그에게 이르되 내 아들을 그리로 데리고 돌아가지 아니하도록 하라

7. 하늘의 하나님 여호와께서 나를 내 아버지의 집과 내 고향 땅에서 떠나게 하시고 내게 말씀하시며 내게 맹세하여 이르시기를 이 땅을 네 씨에게 주리라 하셨으니 그가 그 사자를 너보다 앞서 보내실지라 네가 거기서 내 아들을 위하여 아내를 택할지니라

믿음은 영혼이 하나님 안에서 모든 것을 버리고 완벽한 연합 안에서 모든 것을 재발견하기까지 절대 그를 떠나지 않습니다. 그리고 말합니다.

"신중함이여, 하나님께서 무한하신 선하심으로 우리를 인도하여 떠나게 하신 번잡함의 땅으로 내 아들을 데리고 가지 않도록 주의하라. 내가 확신하노니, 하늘과 땅의 주요, 나로 내 아버지 집, 내가 태어난 곳이자 피조물과의 교섭이 있는 땅에서 떠나게 하신 주님께서 내게 맹세하여 이르시기를 '하나님 안에 거하는 안식의 땅을 너와 네 자손뿐 아니라 내가 이삭(하나님의 완전하신 뜻을 향해 자신을 내어 던지고 희생으로 드린 자들의 모형)을 인도한 동일한 길로 행하는 모든 자들에게 주리라' 하셨느니라. 또 이르시기를 '내가 사자를 앞서 보내어 그들로 모든 일을 처리하게 하리니 내 아들과 그의 신실한 반려자로 예정된 자는 함께 그 길로 가게 될 것이요, 하나님 안에 거하는 평안과 안식의 땅을 차지하게 되어 자손들에게까지 물려주게 될 것이라' 고 하셨느니라." 여기서 말하는 사자는 바로 우리의 공급자 되신 하나님이시고,

이 여정으로부터 영적 연합이 시작됩니다.

8. 만일 여자가 너를 따라오려고 하지 아니하면 나의 이 맹세가 너와 상관이 없나니 오직 내 아들을 데리고 그리로 가지 말지니라
9. 그 종이 이에 그의 주인 아브라함의 허벅지 아래에 손을 넣고 이 일에 대하여 그에게 맹세하였더라

믿음은 신중함에게 말합니다. "선택 받은 여자가 따라오려고 하지 않으면 너는 이 맹세에서 자유하니, 오직 나의 아들을 안식과 연합 안에 있게 놔두고 그리로는 데리고 가지 말라." 주님께서는 신적 안식 안에 거하도록 선택 받은 자들은 어떤 상황 속에서도 번잡함으로 돌아가지 말아야 한다는 말씀을 성경의 다른 부분에서도 하십니다. "네가 나의 언약을 지키면 모든 민족 중에서 내 소유가 되겠고 너희가 내게 대하여 제사장 나라가 되며 거룩한 백성이 되리라." 신중함은 절대 자기를 부인한 영혼을 곁길로 인도하지 않으리라 믿음에게 맹세합니다.

10. 이에 종이 그 주인의 낙타 중 열 필을 끌고 떠났는데 곧 그의 주인의 모든 좋은 것을 가지고 떠나 메소보다미아로 가서 나홀의 성에 이르러

종이 취한 낙타 열 필은 모세에게 주어진 십계명을 상징합니다. 신비주의자들은 단지 외적인 문자를 지키는 것보다 완전한 내적 계명을 지킵니다. 낙타 위에 지워진 주인의 모든 좋은 것은 믿음의 길이 끌어온 증가된 축복을 의미합니다. 이 축복은 사랑과 믿음, 신뢰와 같이 풍성한 덕으로 덮여 있고, 율법의 엄숙함이 그 안에 베어 있습니다. 이처럼 낙타들은 모든 좋은 것을 지고 감으로써 보는 자로 하여금 믿음의 길을 갈 때의 유익을 알고 즐거이 그 길을 갈 수 있도록 배려합니다. 메소보다미아는 번잡함 속에서도 하나님을 두려워하는 백성이 거하고 있는 땅이었습니다. 이들에게 평안과 연합의 땅으로의 초청장이 도착합니다.

11. 그 낙타를 성 밖 우물 곁에 꿇렸으니 저녁 때라 여인들이 물을 길으러 나올 때였더라

12. 그가 이르되 우리 주인 아브라함의 하나님 여호와여 원하건대 오늘날 나에게 순조롭게 만나게 하사 내 주인 아브라함에게 은혜를 베푸시옵소서

때는 저녁이었고, **저녁**은 하루 일과의 마지막으로 안식으로의 다가섬을 의미합니다. 하나님은 이 같은 때가 이를 때에 누군가를 보내어 단순함의 길로 초청하십니다. **우물 곁**은 힘을 다해 기도로 은혜의 물을 길어 올리는 장소를 상징합니다. **그 낙타를 성 밖 우물 곁에 꿇렸으니.** 수동적 믿음의 상태에서 받는 은혜는 떠들썩함이 아닌 안식에서 주어집니다. 종은 이후에 하나님을 부르며 기도하기 시작합니다. 그는 자신의 하나님이 아닌 **주인 아브라함의 하나님**을 부릅니다. 믿음이야말로 모든 것을 얻게 하는 열쇠임을 알았기 때문입니다.

13. 성중 사람의 딸들이 물 길으러 나오겠사오니 내가 우물 곁에 서 있다가

14. 한 소녀에게 이르기를 청하건대 너는 물동이를 기울여 나로 마시게 하라 하리니 그의 대답이 마시라 내가 당신의 낙타에게도 마시게 하

리라 하면 그는 주께서 주의 종 이삭을 위하여 정하신 자라 이로 말미암아 주께서 내 주인에게 은혜 베푸심을 내가 알겠나이다

종은 하나님께서 안식으로 예정하신 자를 자신이 알아볼 수 있게 해 달라고 구합니다. 그는 번잡함의 땅에서 나와 신적 연합으로 들어가게 하는 것이 바로 자비라는 것을 알았습니다. 자신을 부인한 영혼에게 자비가 연합될 때 믿음의 불확실성 속에서도 순결한 사랑이 이루어지게 합니다. 이러한 이유로 엘리에셀은 이삭을 위해 자비를 찾습니다. 이는 보통의 자비가 아니라 아브라함의 후손으로 오실 예수 그리스도의 양 떼도 먹일 수 있을 만큼의 풍성한 자비입니다. 이것은 많은 분량의 해석을 필요로 하는 신비입니다. 사랑의 관대함이 자신에게 요구되는 것보다 더 많은 것을 베풀듯이, 자비는 모든 필요를 채울 만큼의 충분한 물을 끌어올립니다. 이처럼 작은 것 하나하나가 내적인 신비와 닿아 있다는 것을 보여 주는 위 본문이 참으로 놀라울 따름입니다. 이삭의 배필로 예정된 자는 믿음의 사람들의 어머니이자 그들을 먹일 수 있는 자여야 했습니다. 그녀가 바로 자비인 것이지요.

15. **말을 마치기도 전에 리브가가 물동이를 어깨에 메고 나오니 그는 아브라함의 동생 나홀의 아내 밀가의 아들 브두엘의 소생이라**
16. **그 소녀는 보기에 심히 아리땁고 지금까지 남자가 가까이하지 아니한 처녀더라 그가 우물로 내려가서 물을 그 물동이에 채워 가지고 올라오는지라**

하나님께서는 믿음으로 드려진 의인의 기도에 속히 응답하십니다. 엘리에셀이 기도를 마치자마자 한 소녀가 다가옵니다.

그 소녀는 보기에 심히 아리땁고. 모든 이들에게 자신을 내어주는 자비와 같이 아름다운 것은 없습니다. **처녀더라.** 자비는 언제나 순결합니다. 하나님으로부터 나온 그녀는 피조물과 자신을 섞지 아니하고 항상 정결함을 지킵니다. **그가 우물로 내려가서 물을 그 물동이에 채워 가지고.** 자비의 뒤에는 자기를 비움으로써 채워지는 겸손이 따라다닙니다. 이것은 마치 샘과 같아서 자기에게 채워진 물을 비울수록, 하나님께서 직접 새로운 물로 채워 주십니다. 하나님 안에 자신을 부인하고 주와 연합될 자로 예정된 영혼에게 이 두 가지 덕목은 필수적입니다. 자비는 언제나 남을 위해 채워지고 자신을 위해 어떤 것도 남겨 놓지 않습니다. 또한 겸손의 완성은 끊임없이 은혜의 물을 비우고, 하나님께 받은 것을 순전하게 다시 돌려 드리는 데 있습니다.

말씀은 리브가가 물을 채운 후에 다시 올라왔다고 전합니다. 이처럼 자비는 모든 이에게 베풀어지지만, 어떤 것도 자비가 가는 길을 막지 못합니다. 하지만 앞만 보고 달려가는 중에도 자신의 정체를 잊지 않고, 발견된 모든 필요를 채웁니다.

17. 종이 마주 달려가서 이르되 청하건대 네 물동이의 물을 내게 조금 마시게 하라

18. 그가 이르되 내 주여 마시소서 하며 급히 그 물동이를 손에 내려 마시게 하고

19. 마시게 하기를 다하고 이르되 당신의 낙타를 위하여서도 물을 길어 그것들도 배불리 마시게 하리이다 하고

20. 급히 물동이의 물을 구유에 붓고 다시 길으려고 우물로 달려가서 모든 낙타를 위하여 긷는지라

그녀가 보여 주는 은혜와 모든 것을 행하는 신속함을 보고 감탄하지 않을 이가 있을까요? 그녀는 모든 낙타를 위하여도 물을 길어 배불리 마시게 합니다. 자비는 낙타로 표현되는 율법에 물을 주어 생기를 부여하는 존재입니다. 자비가 없는 율법은 공허하기에 그녀는 낙타들을 충분히 채우기까지 멈추지 않고, 물동이가 비자마자 다시 물의 근원으로 돌아가 물을 길어 올립니다. 자비는 말이 아닌 행위로 모든 낙타들에게 물을 줍니다.

21. 그 사람이 그를 묵묵히 주목하며(관상하며) 여호와께서 과연 평탄한 길을 주신 여부를 알고자 하더니

종은 그녀를 묵묵히 주목합니다. 믿음의 집에서는 종들도 관상가들이기 때문입니다. 리브가를 주목하여 바라보는 그의 모습은 관상의 안식과 고요함을 보여 줍니다. 그는 **여호와께서 과연 평탄한 길을 주신 여부를 알고자** 침묵 속에서 관상합니다. 소녀를 심문한다거나, 자기의 의심을 떨쳐 내고자 번잡한 이야기로 접근하지도 않습니다. 다만 말을 이어가기 전에 잠시 멈추어 갑니다.

22. 낙타가 마시기를 다하매 그가 반 세겔 무게의 금 코걸이 한 개와 열 세겔 무게의 금 손목고리 한 쌍을 그에게 주며

종은 자신이 떠나온 길과 땅이 어떠한 곳인지를 보이기 위해 말보다 행동으로 자신이 가진 모든 부를 그녀의 손에 쥐여 줍니다. 리브가에게 준 선물 중에서 **금 코걸이**는 듣고 잠잠한 것 외에는 어떤 것도 소용없음을 의미합니다. 종이 그녀를 데려가고자 하는 땅의 관습이 바로 이것이기 때문이지요. 그녀의 손에 걸어준 **금 손목고리**는 믿음, 침묵, 선한 일이 자비에게서 떨어질 수 없음을 상징합니다. 이 선물들을 통해 그녀는 듣고, 행동하고, 침묵하는 방법을 배워야 했습니다. 그리고 이러한 증표들을 받아들임으로써 자기도 순종함으로 이 길을 따르고자 하는 의지를 보입니다. 금은 하나님의 음성을 들을 때의 순전함을 상징합니다. 우리는 그분의 거룩하신 뜻을 오직 하나님께 들어야 합니다. 금 손목고리를 이루고 있는 열 세겔은 덕과 선한 일의 증가를 의미합니다. 모든 초점은 하나님 한 분께 맞추지만, 여기에서 맺히는 행위는 모든 것으로 확장됩니다.

23. 이르되 네가 누구의 딸이냐 청하건대 내게 말하라 네 아버지의 집에 우리가 유숙할 곳이 있느냐
24. 그 여자가 그에게 이르되 나는 밀가가 나홀에게 낳은 아들 브두엘의 딸이니이다
25. 또 이르되 우리에게 짚과 사료가 족하며 유숙할 곳도 있나이다

종은 소녀에게 누구인가를 질문합니다. 또 그는 이렇게 묻습니다. **네 아버지의 집에 우리가 유숙할 곳이 있느냐?** 언제나 부족함이 없는 자비는 자기 아버지(하나님을 상징)의 집에 모든 것이 족하고, 자신을 따라오는 이들을 수용할 만한 공간이 무한하다고 말합니다.

26. 이에 그 사람이 머리를 숙여 여호와께 경배하고
27. 이르되 나의 주인 아브라함의 하나님 여호와를 찬송하나이다 나의 주인에게 주의 사랑과 성실을 그치지 아니하셨사오며 여호와께서 길에서 나를 인도하사 내 주인의 동생 집에 이르게 하셨나이다 하니라

신중함을 상징하는 종은 모든 것을 형통케 하시는 하나님께 경배하고, 정확한 길로 이끄는 믿음에 대해 경탄합니다. 자신은 그저 따라왔을 뿐인데 그 길이 이토록 정확하게 목적지로 인도하였고, 감히 소망했던 것보다 더한 것들을 발견한 것에 놀라움을 금치 못합니다. 이 경험은 그로 믿음의 길의 진리가 얼마나 정확하고 확실한지를 선포케 합니다. 하나님의 섭리하심은 모든 것을 적절한 때에 공급하시고, 믿음의 관대함은 어떤 확신도 없는 불확실성 속에서 모든 것을 책임집니다. 그는 하나님께서 감당치 못할 은혜로 믿음을 축복하시는 것을 보고 그분이 행하신 모든 일을 예배하기 시작합니다.

29. 리브가에게 오라버니가 있어 그의 이름은 라반이라 그가 우물로 달려가 그 사람에게 이르러

31. 라반이 이르되 여호와께 복을 받은 자여 들어오소서 어찌 밖에 서 있나이까 내가 방과 낙타의 처소를 준비하였나이다

라반은 자신의 누이에게 주어진 믿음의 길을 가는 증표들을 보고 그것을 준 종을 찾아 집으로 들입니다. 선한 의지를 가진 사람들은 이러한 지식을 자신도 기쁨으로 받아들이고자 모든 좋은 것으로 자신의 집을 예비합니다.

33. 그 앞에 음식을 베푸니 그 사람이 이르되 내가 내 일을 진술하기 전에는 먹지 아니하겠나이다 라반이 이르되 말하소서

집에 있던 사람들은 서둘러 종 앞에 음식을 베풉니다. 하지만 종은 말합니다. **내가 내 일을 진술하기 전에는 먹지 아니하겠나이다.** 신실한 종은 이처럼 자신의 유익은 잊고 오직 하나님의 소원을 이루는 일만 생각합니다.

34. 그가 이르되 나는 아브라함의 종이니이다

35. 여호와께서 나의 주인에게 크게 복을 주시어 창성하게 하시되 소와 양과 은금과 종들과 낙타와 나귀를 그에게 주셨고

36. 나의 주인의 아내 사라가 노년에 나의 주인에게 아들을 낳으매 주인이 그의 모든 소유를 그 아들에게 주었나이다

종은 자신의 주인의 부유함과 하나님께서 아브라함에게 베푸신 은총을 설명하며, 이 같은 믿음의 길의 탁월함과 이를 축복하시는 하나님을 칭송합니다. 비록 신중함이 믿음의 길에 대해 이제 조금 경험하였을지라도, 그 길이 주는 형통함에 경탄합니다. 그는 자신이 어디에서 왔는지를 숨김없이 설명하고, 믿음이 자신의 모든 소유를 아들에게 주었음을 밝힙니다. 또한 자기부인이 이 아들의 어머니이자 양육자임을 말합니다. 그는 믿음의 모든 비밀과 아브라함이 종에게 한 말들 그리고 샘 곁에서 있었던 모든 일을 이들에게 전합니다.

50. 라반과 브두엘이 대답하여 이르되 이 일이 여호와께로 말미암았으니 우리는 가부를 말할 수 없노라

51. 리브가가 당신 앞에 있으니 데리고 가서 여호와의 명령대로 그를 당신의 주인의 아들의 아내가 되게 하라

내적인 사람의 입에서 나오는 은혜의 효력은 너무도 커서 듣는 자들로 하여금 감히 거절하지도, 섣불리 대답하지도 못하게 합니다. 그들은 그저 고백합니다. '모든 것이 저항할 수 없는 하나님께로부터 말미암았노라.' 이처럼 자비가 진정으로 자기부인의 길에 연합되기까지 어떤 부드러우면서도 저항할 수 없는 힘이 모든 상황을 주장합니다. 이때 어린 양과 신부의 신적이며 영적인 혼인이 이루어지고, 내적인 길이 완성되어 하나님 안에서 즐거이 자신을 잃어버리게 합니다.

53. 은금 패물과 의복을 꺼내어 리브가에게 주고 그의 오라버니와 어머니에게도 보물을 주니라

하나님께서는 모든 부유함으로 자신의 신부를 입히고 풍성케 하십니다.

비록 주님은 전능하실지라도, 신부가 자기가 있던 곳을 완전히 뒤로 하는 것에 동의하기를 기다리십니다. 그리고 내면 깊은 곳으로 인도하는 단순함의 길을 자발적으로 끌어안도록 인도하십니다.

58. 리브가를 불러 그에게 이르되 네가 이 사람과 함께 가려느냐 그가 대답하되 가겠나이다

그녀는 매우 솔직하게 기꺼이 동의합니다. **가겠나이다.** 이 짧은 한 마디는 믿음의 단순한 길에 들어서기 시작한 영혼의 모든 것을 설명해 줍니다.

60. 리브가에게 축복하여 이르되 우리 누이여 너는 천만 인의 어머니가 될지어다 네 씨로 그 원수의 성문을 얻게 할지어다

리브가의 가족들은 그녀 때문에 수많은 선물을 받습니다. 이처럼 자비와 연합하는 것은 우리에게 매우 큰 유익을 가져다줍니다. 자비와 연결되어 있을 때 우리는 모든 경사스러운 일에 참여하게 되고, 하나님께서 소중히 여기시는 사람들과 연결되어 있을 때 그들이 받는 동일한 은혜를 받게 됩니다. 리브가의 가족들은 그녀가 천만 인의 어머니가 될 것과, 그 자손이 번성하여 원수의 성문을 얻게 될 것을 축복합니다. 이 축복은 하나님께서 아브라함에게 주신 축복과도 동일하지요(창 22:17).

62. 그때에 이삭이 브엘라해로이(살아 계셔서 나를 지켜보시는 분의 우물)에서 왔으니 그가 네게브 지역에 거주하였음이라

63. 이삭이 저물 때에 들에 나가 묵상하다가 눈을 들어 보매 낙타들이 오는지라

브엘라해로이는 홀로 살아 계셔서 지켜보시는 하나님 안에 있는 샘을 의미합니다. 이삭은 하나님 안에서 걸었습니다. 그는 자기 영 안에 갇히지 않고 자신으로부터 걸어 나와서 하나님 한 분으로 자신을 채웁니다. 이처럼 아름다운 교제를 누리는 가운데 순결한 자비가 다가와 그와 끊을 수 없는 인연으로 연합됩니다. 이삭은 리브가를 인지하자마자 그녀를 만나러 갑니다. 순전한 사랑은 오직 자신으로부터 나와 하나님으로만 채워질 때 주어집니다. 또한 이 일은 저물 때, 즉 고된 노동이 끝나야 일어납니다.

64. 리브가가 눈을 들어 이삭을 바라보고 낙타에서 내려

65. 종에게 말하되 들에서 배회하다가 우리에게로 마주 오는 자가 누구냐 종이 이르되 이는 내 주인이니이다 리브가가 너울을 가지고 자기의 얼굴을 가리더라

리브가는 낙타에서 내려 이삭에게 다가가면서 정절을 상징하는 너울로 자신을 가립니다. 이렇게 자신을 갖춘 후 이삭과 연합되기 위해 다가갑니다.

67. 이삭이 리브가를 인도하여 그의 어머니 사라의 장막으로 들이고 그를 맞이하여 아내로 삼고 사랑하였으니 이삭이 그의 어머니를 장례한 후에 위로를 얻었더라

이삭은 이미 믿음의 길에 있어 성숙한 자로 정욕을 품지 않기에 리브가의 아름다움에 빠져 있기보다 그녀를 사라의 장막으로 들입니다. 이것은 사라가 보여 주던 완전한 자기부인의 길로 리브가를 인도하는 모습입니다. 이러한 자기부인(abandon)이야말로 배우자를 즐기는 연합으로 가장 빠르게 이끄는 길입니다. 이삭은 하나님 안에서 하나가 되게 하는 자비의 유익을 알고 그녀를 사랑하여 어머니의 장례 후에 위로를 얻습니다. 이처럼 하나님 안에서 자비를 경험할 때, 자기부인은 더 이상 쓸모가 없게 됩니다.

25장

1. 아브라함이 후처를 맞이하였으니 그의 이름은 그두라라
5. 아브라함이 이삭에게 자기의 모든 소유를 주었고
6. 자기 서자들에게도 재산을 주어 자기 생전에 그들로 하여금 자기 아
들 이삭을 떠나 동방 곧 동쪽 땅으로 가게 하였더라

아브라함에게는 이삭 외에도 다른 자녀들이 있었지만 그들은 유업을 상속 받지 못합니다. 믿음의 조상은 다른 자녀들에게도 약간의 재물은 주지만 오직 벌거벗겨진 믿음과 완전한 자기부인의 아들 이삭만이 모든 부의 상속자가 됩니다. 그 외의 다른 경로로 출생된 자들은 종의 몫밖에 받지 못할 뿐 아니라 이삭과 함께 거하지도 못합니다. 독자로서 대우 받은 이삭에게는 오직 하나님만이 그의 기업이 되십니다. 주님께서는 이삭을 낳은 믿음과 자기부인의 기업이셨기 때문입니다. 모든 인간적인 도움과 자아가 벗겨지기 전에는 그 누구도 하나님을 즐거워하는 단계에 이를 수 없습니다.

8. 그의 나이가 높고 늙어서 기운이 다하여 죽어 자기 열조에게로 돌아
가매
9. 그의 아들들인 이삭과 이스마엘이 그를 마므레 앞 헷 족속 소할의 아

들 에브론의 밭에 있는 막벨라 굴에 장사하였으니

10. 이것은 아브라함이 헷 족속에게서 산 밭이라 아브라함과 그의 아내 사라가 거기 장사되니라

믿음의 형상인 아브라함은 자신의 아들을 자기부인과 벌거벗은 믿음을 통해 하나님께 인도하여 자비에 의탁하고는 기운이 다하여 죽게 됩니다. 아브라함 안에 있던 본질은 아들에게 전해지고, 그를 통해 모든 자손들에게 이어집니다. 가장 필수적이고 거룩한 수단이라 할지라도 이 목적지에 다다르면 끝이 납니다. 이제 영혼에게 남은 것은 하나님 안에서 순결함과 단순함으로 자비를 즐기는 것뿐입니다. 사도적 삶이 오기 전에는 이러한 과정이 선행됩니다. 하나님께서 성 삼위일체를 떠나서는 아무것도 하시지 않듯이, 이러한 영혼들 역시 주님과의 연합을 떠나서는 어떤 외적인 행동도 하지 않습니다. 즉, 하나님 안으로 들어온 자기부인과 믿음은 같은 장소에 머물게 됩니다.

아브라함의 임종 후에도 이삭은 자신의 아내와 함께 그 장소에 남습니다. 왜냐하면 그 장소 말고는 거할 처소가 없을 뿐더러 온 땅을 떠돈다 해도 약속의 땅을 떠날 수 없기 때문입니다. 그리하여 11절은 이렇게 증거하고 있습니다. **아브라함이 죽은 후에 하나님이 그의 아들 이삭에게 복을 주셨고 이삭은 브엘라해로이(살아서 나를 감찰하시는 자) 근처에 거주하였더라.**

21. 이삭이 그의 아내가 임신하지 못하므로 그를 위하여 여호와께 간구하매 여호와께서 그의 간구를 들으셨으므로 그의 아내 리브가가 임신하였더니

하나님 안에 있는 자비는 그야말로 완전한 안식입니다. 그 안에서 열매를 맺지 못하고 있었지만, 온유한 하나님의 손길로 그 안에 있던 축복이 깨어나기 시작합니다. 이삭이 그 아내를 위하여 기도하자 하나님께서는 **즉시 들으시고** 그들에게 매우 다른 족속을 이룰 두 아들을 주십니다. 하늘에 있던 천사의 타락과 예수님을 따르던 사도의 몰락처럼 이 장면에서 자비로부터 무뢰한이 출산되고 있었습니다.

하지만 모든 것들은 합력하여 하나님의 영광과 그분께서 택하신 자들을 위해 선을 이룹니다. 자비의 그릇에서 거룩한 자뿐 아니라 택하신 자들을 괴롭힐 완악한 자들도 잉태됩니다. 예정된 자를 임신하고 출산하는 것은, 곧 박해와 십자가를 임신하고 출산하는 것입니다. 주님께서 택하신 거룩한 나라는 출산되어 빛 가운데 나타나기도 전에 박해와 격심한 공격을 통과하였습니다. 예정된 자들이 거할 곳은 오직 십자가이며, 하나님께서는 우리가 어디에서나 십자가를 발견할 수 있도록 이끄십니다. 십자가는 예정된 자들과 함께 태어나고 동행하며, 마지막까지 그 위에 머물러 있습니다.

22. 그 아들들이 그의 태 속에서 서로 싸우는지라 그가 이르되 이럴 경우에는 내가 어찌할꼬 하고 가서 여호와께 묻자온대

하나님께서 일하시는 방법 안에 견고히 서지 못하면 괴롭습니다. 그리하여 주께 자신의 애통함을 아뢰고 그 이유를 묻게 되지요. 이것은 의심과 환난 속에서도 여호와를 의지하던 성도들의 거룩한 습관이었습니다. 이들은 전심으로 주님을 의뢰합니다. 믿음의 조상들의 이러한 본보기는 오직 세상과 자신의 정욕만을 주님께 아뢰는 크리스천들을 부끄럽게 만드는 대목이기도 합니다.

23. **여호와께서 그에게 이르시되 두 국민이 네 태중에 있구나 두 민족이 네 복중에서부터 나누이리라 이 족속이 저 족속보다 강하겠고 큰 자는 어린 자를 섬기리라 하셨더라**

여기에서 이 일이 주님께서 계획하신 일임을 알 수 있습니다. 주님께서는 악한 자로 하여금 예정된 자를 핍박하도록 허락하시지만 후에는 예정된 자에게 악한 자가 복종하게 하십니다. 예정된 자가 당장은 작아 보일 수 있지만 이러한 수치를 통과한 후에는 대적들 위에 군림하게 됩니다.

24. **그 해산 기한이 찬즉 태에 쌍둥이가 있었는데**

태 안에 두 아이 중 한 아이는 박해자이고 다른 아이는 박해를 받습니다. 하지만 반대로 하나는 종이고 하나는 주인입니다. 박해하는 자는 자기 정욕의 종이지만 박해 받는 자는 자유과 평강을 즐깁니다. 선인과 악인은 신적 능력의 자궁 안에서 함께 창조되어 태어나지만 악인은 하나님과 선인을 끊임없이 대적합니다. 바로 죄가 이러한 분열을 야기합니다.

25. **먼저 나온 자는 붉고 전신이 털옷 같아서 이름을 에서라 하였고**
26. **후에 나온 아우는 손으로 에서의 발꿈치를 잡았으므로 그 이름을 야곱이라 하였으며 리브가가 그들을 낳을 때에 이삭이 육십 세였더라**

먼저 나온 박해자의 모습은 후에 나타날 그의 기질만큼이나 사납습니다. 그가 지닌 태생적인 사나운 모습으로부터 비인간적인 잔인함을 짐작할 수 있습니다.

27. 그 아이들이 장성하매 에서는 익숙한 사냥꾼이었으므로 들사람이 되고 야곱은 조용한 사람이었으므로 장막에 거주하니

에서는 동물들을 **사냥**하면서 자신의 잔인함을 행사합니다. 하지만 온유하고 단순한 야곱은 고독이 주는 안식을 누립니다. 외적인 일에 종사하기 전에 묵상과 기도 가운데 거하는 그의 모습은 예수 그리스도를 형상화합니다. 하나님의 부르심이 우리를 세상 가운데 나타내시기 전까지 은혜는 우리를 묵상과 안식으로 인도합니다.

28. 이삭은 에서가 사냥한 고기를 좋아하므로 그를 사랑하고 리브가는 야곱을 사랑하였더라

이삭은 득 때문에 에서를 사랑하였습니다. 자아에 대한 추구 없는 순전한 은혜로부터 나오는 사랑은 매우 드뭅니다. 아주 거룩한 사람이라도 때로는 잘못된 친구를 선택함으로 실수를 저지르곤 하지만, 조금이라도 이기심이 개입되기 시작하면 완전한 선택은 불가능합니다. 하지만 하나님의 마음에 합한 자비를 상징하는 리브가는 야곱을 사랑하였습니다. 이기심이 없는 그 사랑은 공의를 동반하고 이것은 공평을 통해 유지됩니다.

30. (에서가) 야곱에게 이르되 내가 피곤하니 그 붉은 것을 내가 먹게 하라 한지라 그러므로 에서의 별명은 에돔이더라

31. 야곱이 이르되 형의 장자의 명분을 오늘 내게 팔라

33. 야곱이 이르되 오늘 내게 맹세하라 에서가 맹세하고 장자의 명분을 야곱에게 판지라

하나님의 놀라운 경영은 가장 악한 피조물일지라도 궁극적으로는 그분의 계획을 섬기게 하십니다. 하지만 막상 현실에서는 이러한 일들이 그저 우연히 일어나는 자연의 이치로만 보이곤 하지요. 주님은 에서로 하여금 작은 육욕을 위해 **장자의 명분**을 동생에게 팔아 붉은 죽을 먹는 상황을 허락하십니다. 비합리적이고 매정하게 보이는 상황일지라도 결국 우리의 자유를 침해하지 않고 모든 것들을 순적하게 종국(終局)으로 이끄시는 주님의 계획을 섬기기 마련입니다.

26장

1. 아브라함 때에 첫 흉년이 들었더니 그 땅에 또 흉년이 들매 이삭이 그랄로 가서 블레셋 왕 아비멜렉에게 이르렀더니
2. 여호와께서 이삭에게 나타나 이르시되 애굽으로 내려가지 말고 내가 네게 지시하는 땅에 거주하라
3. 이 땅에 거류하면 내가 너와 함께 있어 네게 복을 주고 내가 이 모든 땅을 너와 네 자손에게 주리라 내가 네 아버지 아브라함에게 맹세한 것을 이루어
4. 네 자손을 하늘의 별과 같이 번성하게 하며 이 모든 땅을 네 자손에게 주리니 네 자손으로 말미암아 천하 만민이 복을 받으리라

어떤 은혜의 단계에서든 종종 결핍, 즉 **흉년**을 지날 때가 있습니다. 하지만 어떤 시점에 다다르면 더 이상 이것이 고통스럽지 않게 됩니다. 그 시점이란 하나님의 뜻 안에서 온전히 만족하여 더 이상 자기 뜻을 주장하지 않고, 보이는 세상 속에서는 흉년을 맞을지라도 모든 필요를 공급 받는 때를 말합니다. 이와 달리 꼭 필요한 것마저 완전히 결핍된 흉년이 있습니다. 위 구절에서 이삭이 이런 기간을 지났다고 할 수 있습니다. 때로 하나님께서 우리 자아를 완전히 하나님 안에서 잃어버리게 하시고자 할 때 이와 같은 흉년을 지

나게 됩니다. 이삭은 이 같은 기근 때문에 거하던 땅에서 하나님의 명령하신 대로 떠납니다. 이방 땅에서 이삭은 나그네와 같은 자신을 발견합니다. 영원히 거하게 될 처소에 가기 전까지 우리는 모두 나그네입니다.

하나님께서는 이삭에게 **애굽으로 내려가지 말라**고 말씀하십니다. 이것은 극심한 흉년에 스스로 생존하려 하거나 자기 힘으로 고통 속에서 헤어나오려는 노력 대신, 주님께서 친히 우리를 빼내 주실 때까지 인내함으로 기다리는 것에 대한 중요성을 가르쳐 줍니다. 하나님께서는 그분을 온전히 신뢰하는 자들이 어디를 가든 어떤 상황에 처하든 함께하실 것을 약속하십니다. 주님께서 주시는 약속이 얼마나 놀라운지요! 다시금 확언하신 **약속의 땅**에 대한 말씀은 하나님 안에 있는 영원한 처소, 즉 변화(變化)입니다.

이것은 이삭뿐 아니라 전심으로 주님 뜻에 자신을 드린 자들에게도 동일하게 적용되는 말씀입니다. 주님은 매우 큰 무리의 자손이 이삭과 동일한 길로 가게 되리라 약속하십니다. **네 자손으로 말미암아 천하 만민이 복을 받으리라**는 말씀은 바로 모든 은혜와 복의 근원이신 예수 그리스도를 의미합니다.

6. **이삭이 그랄에 거주하였더니**
7. **그곳 사람들이 그의 아내에 대하여 물으매 그가 말하기를 그는 내 누이라 하였으니 리브가는 보기에 아리따우므로 그곳 백성이 리브가로 말미암아 자기를 죽일까 하여 그는 내 아내라 하기를 두려워함이었더라**

이삭은 자기 목숨을 위해 자기 아내를 **누이**라고 함으로써 자신의 아버지와 같은 대답을 합니다. 사실 거짓말을 한 것은 아닙니다. 유대 문화에서 형제나 누이는 곧 친척을 의미하기도 하지요. 복음서를 보면 예수님의 친척들도 형제로 기록되어 있습니다. 하지만 인간적으로 보이는 이러한 대처 방법은 위대한 신비를 가리어 믿음의 사람으로 하여금 그것을 찾아야 발견할 수 있게 합니다. 내적인 사람들은 이처럼 하나님의 말씀이 흐린 것 같은 상황 속에서도 가장 큰 믿음으로 나아갑니다.

8. 이삭이 거기 오래 거주하였더니 이삭이 그 아내 리브가를 껴안은 것을 블레셋 왕 아비멜렉이 창으로 내다본지라
9. 이에 아비멜렉이 이삭을 불러 이르되 그가 분명히 네 아내거늘 어찌 네 누이라 하였느냐 이삭이 그에게 대답하되 내 생각에 그로 말미암아 내가 죽게 될까 두려워하였음이로라

이삭에 대한 아비멜렉의 호의적인 판단은 모든 것을 즉시 판단해 버리는 사람의 성급함을 나무랍니다. 이런 사람들은 거룩한 자유함 아래서 한 결백한 행동들에 대해서도 모욕을 받습니다.

10. 아비멜렉이 이르되 네가 어찌 우리에게 이렇게 행하였느냐 백성 중 하나가 네 아내와 동침할 뻔하였도다 네가 죄를 우리에게 입혔으리라
11. 아비멜렉이 이에 모든 백성에게 명하여 이르되 이 사람이나 그의 아내를 범하는 자는 죽이리라 하였더라

주님께 온전히 자신을 맡긴 자들을 향한 하나님의 보호하심을 보십시오! 주님께서는 그들의 모든 원함을 돌보십니다. 그분은 자기 백성의 안전을 돌보실 뿐 아니라 그들이 실수할지라도 유익과 축복을 받게 하십니다. 왕의 명령으로 인해 이삭의 아내는 이전보다 더 안전하게 되지 않았습니까?

12. 이삭이 그 땅에서 농사하여 그해에 백 배나 얻었고 여호와께서 복을 주시므로

14. 양과 소가 떼를 이루고 종이 심히 많으므로 블레셋 사람이 그를 시기하여

이것이 바로 사도적 삶의 진보입니다. 하나님 안에서 오랫동안 안식을 누린 영혼이 씨를 뿌릴 때 곧바로 싹이 나지 않는 것같이 보일지라도 후에는 **백 배나 거두게 됩니다.**

이는 종종 일을 해도 큰 성공을 거두지 못한 자들로 하여금 **시기하게** 만듭니다. 자기를 위해 일하는 자, 혹 거룩한 의식에 자기 유익을 섞어 일하는 자들은 사욕이 없는 자들이 받는 축복을 얻지 못합니다. 우리가 오직 주를 위해 일할 때 주님께서 홀로 일하십니다. 일하시는 분이 주님이시라면 어떻게 복이 따라오지 않겠습니까?

15. 그 아버지 아브라함 때에 그 아버지의 종들이 판 모든 우물을 막고 흙으로 메웠더라

스스로 일하는 자들은 사도적 영혼들을 핍박하여 믿음, 곧 **그 아버지가 판 모든 우물**을 메웁니다. 이들은 순전한 믿음으로 판 생수의 근원을 파괴할 뿐 아니라 악한 교리라 비난하려 듭니다. 사도적 영혼들의 양심을 정죄할 수 없기 때문에 그들의 믿음을 공격하고, **흙으로 메웠더라**는 말처럼 사도적 영혼들의 경건하고 견고한 설교에 악의를 가지고 지어낸 말들을 섞으려 애씁니다.

17. 이삭이 그곳을 떠나 그랄 골짜기에 장막을 치고 거기 거류하며
18. 그 아버지 아브라함 때에 팠던 우물들을 다시 팠으니 이는 아브라함 이 죽은 후에 블레셋 사람이 그 우물들을 메웠음이라 이삭이 그 우물 들의 이름을 그의 아버지가 부르던 이름으로 불렀더라

하나님의 종들은 때로 어쩔 수 없이 **다른 우물**을 파게 되는 상황에 처하게 되지만, 믿음이 발견한 곳에는 언제나 생수가 솟아납니다. 이 생수를 나누어 주는 자의 영적 자녀가 되길 즐거워하는 자들은 언제나 이 우물로부터 물을 마실 수 있습니다. 여기서 우리는 믿음이 세운 것 위에 어떤 혁신이나 변화도 가하지 않고 **그의 아버지가 부르던 이름으로 불렀던** 이삭의 충실함을 보게 됩니다.

19. 이삭의 종들이 골짜기를 파서 샘 근원을 얻었더니
20. 그랄 목자들이 이삭의 목자와 다투어 이르되 이 물은 우리의 것이라 하매 이삭이 그 다툼으로 말미암아 그 우물 이름을 에섹(불의)이라 하였으며

그곳에 **샘 근원**이 있는지도 몰랐다가 이삭이 우물을 발견하자 자기 것이라 다투던 목자들과도 같이 너무나도 많은 사람들이 하나님의 역사에 나타나는 영광을 자신의 것으로 돌리려고 합니다. 이삭이 땅을 파서 샘을 발견하기가 무섭게 이들은 그것이 자신의 것이라고 주장합니다. 하지만 이삭은 이들과 다투지 않음으로써 덕의 완전한 모형을 보여 줍니다. 조용하게 그곳을 떠나 우물을 그들에게 넘겨주는 이삭의 행동은 복음이 있기도 전에 복음을 실천하였다고 볼 수 있습니다. 완전한 자비는 우리 자신에게 소중하고 유용한 것으로부터 분리되는 것에서 증명됩니다. 따라서 자기 이익 때문에 평화를 택하지 않는 자들은 이에 대한 자비도 잃어버리는 것입니다.

22. **이삭이 거기서 옮겨 다른 우물을 팠더니 그들이 다투지 아니하였으므로 그 이름을 르호봇이라 하여 이르되 이제는 여호와께서 우리를 위하여 넓게 하셨으니 이 땅에서 우리가 번성하리로다 하였더라**

두 번이나 같은 이유로 물러섰던 이삭은 누구와도 다투지 않는 우물만을 차지합니다. 이삭에게 필요한 것은 평화롭고 고요한 물이었던 것입니다. 내면의 넓은 시야를 가진 그의 영혼은 자기를 제한하거나 괴롭힐 만한 요소가 있는 외적 요소는 추구하지 않습니다. 복음을 전하는 자, 그중에서도 가장 깊은 복음을 전하는 자의 태도가 바로 이와 같아야 합니다. 그는 논쟁과 다툼으로부터 보호된 장소에 우물을 파고, 하나님께서 기회를 주실 때까지 결코 그곳을 떠나지 말아야 합니다. 그 어떤 것의 괴롭힘도 받지 않는 자유로운 상태에서의 사역은 어떤 속박도 받지 않습니다. 평강의 하나님으로부터 말미암는 믿음과 복음은 순전합니다. 따라서 우리도 완전히 순전하고도 평화롭게 물을 끌어올릴 수 있는 곳에 우물을 파야 합니다.

24. **그 밤에 여호와께서 그에게 나타나 이르시되 나는 네 아버지 아브라함의 하나님이니 두려워하지 말라 내 종 아브라함을 위하여 내가 너와 함께 있어 네게 복을 주어 네 자손으로 번성하게 하리라 하신지라**

평온한 우물을 발견한 **그 밤에 여호와께서 그에게 나타나** 다시 한 번 말씀하십니다. **나는 네 아버지 아브라함의 하나님이니 두려워하지 말라 내가**

너와 함께함이니라. 주님은 이삭의 행동을 인정하시고 그를 만족시켜 주셨습니다. 후에 하나님의 아들도 이러한 말씀을 우리에게 가르쳐 주셨습니다. "나는 너희에게 이르노니 악한 자를 대적하지 말라." 우리가 하나님을 위해 포기한 것에 대해서는 아주 작은 것이라도 주님께서 직접 갚아 주십니다. 또한 우리 자신을 부인할수록 주님께서 우리를 더 가까이하십니다.

25. **이삭이 그곳에 제단을 쌓고, 여호와의 이름을 부르며 거기 장막을 쳤더니 이삭의 종들이 거기서도 우물을 팠더라**

주님께서 주시는 확신은 사도적 삶을 사는 자들로 하여금 그들이 발견한 평화의 처소에서 제사를 드리게 합니다. 그들은 장막을 치고 그곳에 거하면서 하나님께서 원하시는 모든 열매를 생산합니다.

32. **그날에 이삭의 종들이 자기들이 판 우물에 대하여 이삭에게 와서 알리어 이르되 우리가 물을 얻었나이다 하매**
33. **그가 그 이름을 세바(풍성함)라 한지라 그러므로 그 성읍 이름이 오늘까지 브엘세바더라**

하나님께서는 사도적 일꾼들에게 압도적인 복으로 보상하시고, 그 믿음에 영원한 자손 번성의 축복을 약속하십니다. 이와 같이 평정의 열매로 형성된 이 우물은 풍족하게 물을 공급한다 하여 "풍성함"이라는 이름을 갖게 됩니다. 하나님의 질서에 따라 일한 자들은 결국 생명의 강의 근원에서 주님 자신을 발견하게 됩니다.

27장

6. 리브가가 그의 아들 야곱에게 말하여 이르되 네 아버지가 네 형 에서
에게 말씀하시는 것을 내가 들으니 이르시기를
7. 나를 위하여 사냥하여 가져다가 별미를 만들어 내가 먹게 하여 죽기
전에 여호와 앞에서 네게 축복하게 하라 하셨으니
8. 그런즉 내 아들아 내 말을 따라 내가 네게 명하는 대로
9. 염소 떼에 가서 거기서 좋은 염소 새끼 두 마리를 내게로 가져오면 내
가 그것으로 네 아버지를 위하여 그가 즐기시는 별미를 만들리니
10. 네가 그것을 네 아버지께 가져다 드려서 그가 죽기 전에 네게 축복하
기 위하여 잡수시게 하라

리브가의 이러한 행동은 너무도 신령하여 종종 비판을 받곤 합니다. 하지만 이것은 오직 하나님 안에 있는 사랑으로부터 말미암은 것으로 비록 잘못처럼 보일지라도 사실은 신적 영감으로부터 나온 행위라 할 수 있습니다. 하나님께서는 리브가 안에 있는 어머니의 애정과 고독 가운데 머물러 있는 아들의 신실함을 사용하셔서 그분의 약속과 계획을 이루십니다. 당시에는 하나님이 족장들과 세우신 율법으로 모든 복은 아버지로부터 받는 축복에서 비롯되었습니다. 하나님께서는 이러한 축복이 자연스럽게 야곱에게 흘러가도

록 일하십니다. 이 사건에는 사실 거짓이 없습니다. 오히려 은혜의 질서처럼 자연의 질서 속에서도 진리가 발견되는 순간입니다. 야곱은 자연적인 장자의 명분을 자기 형으로부터 얻어내지만 그의 깊은 속사람은 이를 더욱 확실히 소유합니다. 야곱은 하나님과의 지속적인 연합 안에 거하고 있을 당시부터 이미 성화된 영혼들의 아버지일 뿐 아니라 후에 하나님 자신도 그를 통해 태어나시기로 예정되어 있었습니다. 따라서 야곱이 이삭에게 가서 자신이 장자라고 한 말은 진리로부터 비롯되었음을 알 수 있습니다.

11. 야곱이 그 어머니 리브가에게 이르되 내 형 에서는 털이 많은 사람이요 나는 매끈매끈한 사람인즉

12. 아버지께서 나를 만지실진대 내가 아버지의 눈에 속이는 자로 보일지라 복은 고사하고 저주를 받을까 하나이다

13. 어머니가 그에게 이르되 내 아들아 너의 저주는 내게로 돌리리니 내 말만 따르고 가서 가져오라

야곱의 두려움은 그의 솔직함에서 비롯됩니다. 내면적이고 순수한 영혼들은 부르심에 못 미치는 것을 죽음보다 더 두려워하지만, 복종을 통해 더 강한 부르심의 확신을 가지게 됩니다. 야곱과 같이 내면적이고 참으로 자아가 부인된 영혼은 그저 상황을 설명하는 것으로 만족하고, 더 이상의 변명이나 두려움 없이 자기 자신을 그저 던져 버립니다. 믿음과 자기부인의 사람들은 이런 태도를 보이기 마련입니다. 하나님께서는 이들의 실수나 어리석음과 상관없이 모든 상황을 통해 유산을 상속하도록 섭리하십니다. 하지만 야곱의 경우는 좀 더 독특하고 신비한 부분이 있습니다.

15. 리브가가 집 안 자기에게 있는 맏아들 에서의 좋은 의복을 가져다가 그의 작은 아들 야곱에게 입히고
16. 또 염소 새끼의 가죽을 그의 손과 목의 매끈매끈한 곳에 입히고
21. 이삭이 야곱에게 이르되 내 아들아 가까이 오라 네가 과연 내 아들 에서인지 아닌지 내가 너를 만져 보려 하노라
22. 야곱이 그 아버지 이삭에게 가까이 가니 이삭이 만지며 이르되 음성은 야곱의 음성이나 손은 에서의 손이로다 하며
23. 그의 손이 형 에서의 손과 같이 털이 있으므로 분별하지 못하고 축복하였더라

하나님께서는 야곱의 속사람을 에서와 같은 **가죽**, 즉 가장 비속해 보이는 모습 뒤로 숨기십니다. 외적 모습이나 겉옷으로는 그 속에 있는 것을 분별할 수 없지만, **말**을 하자 드러나게 됩니다. 피조물은 각각 피조물처럼 말합니다. 하지만 거룩해진 영혼들은 모두 한 언어, 곧 하나님의 말을 그 입에 담고 있습니다. 많은 사람들이 에서의 가죽이나 겉옷을 입을 수는 있지만 오직 거룩해진 영혼들만 **야곱의 목소리**를 지닐 수 있습니다. 이들은 하나님께서 가르치신 언어 외에 다른 말을 하지 못합니다. 모든 사람들과 하나님께서 원하시는 모든 것에 자신을 순응시킬 수 있지만, 이들의 언어만큼은 아무도 바꿀 수 없습니다.

믿음의 선조 이삭이여, 어찌 감촉으로 야곱을 알아보겠습니까? 오직 목소리로만 그를 분별할 수 있음을 모르셨습니까? 하지만 당신이 야곱의 음성을 알아들었다면 하나님의 섭리를 따라가기 괴로웠을 것입니다. 말씀처럼 이삭은 야곱을 알아보지 못했고, 하나님께서는 그분의 계획을 성취하시기 위해 이런 일을 허락하셨습니다.

27. 그가 가까이 가서 그에게 입맞추니 아버지가 그의 옷의 향취를 맡고 그에게 축복하여 이르되 내 아들의 향취는 여호와께서 복 주신 밭의 향취로다

29. 만민이 너를 섬기고 열국이 네게 굴복하리니 네가 형제들의 주가 되고 네 어머니의 아들들이 네게 굴복하며 너를 저주하는 자는 저주를 받고 네게 축복하는 자는 복을 받기를 원하노라

이삭은 야곱에게 **형제들과 어머니의 아들들을 다스리는 권세**를 줍니다. 예수님께서 막달라 마리아에게 "마리아야, 네가 좋은 것을 택하였으니 빼앗기지 아니하리라" 하셨던 것같이 관상적 삶은 그 어떤 노력의 삶보다 더 높임을 받게 됩니다.

위 구절을 통해 하나님께서 그 사랑하시는 자들의 외침 소리와 관상의 자리에 있는 자들이 당하는 핍박에 얼마나 민감하신지 알 수 있습니다. 주님께서는 이들을 학대하는 자들을 **저주**하시고, 이들을 존중하고 따르는 자들 위에 그분의 **복**을 부으십니다. 이들의 사랑만큼 순수한 것이 없고, 이들만큼 주께 사랑 받는 자들도 없습니다. 오죽하시면 "내 마음에 합한 자들"이라 부르시고 "주의 눈동자"처럼 여기실까요. 그것은 이들이 전적으로 주님의 뜻에 자신을 드리고, 주님께서 홀로 다스리시도록 삶의 자리를 내어 드리기 때문입니다.

31. 그가 별미를 만들어 아버지에게로 가지고 가서 이르되 아버지여 일어나서 아들이 사냥한 고기를 잡수시고 마음껏 내게 축복하소서

32. 그의 아버지 이삭이 그에게 이르되 너는 누구냐 그가 대답하되 나는 아버지의 아들 곧 아버지의 맏아들 에서로소이다

33. 이삭이 심히 크게 떨며 이르되 그러면 사냥한 고기를 내게 가져온 자가 누구냐 네가 오기 전에 내가 다 먹고 그를 위하여 축복하였은즉 그가 반드시 복을 받을 것이니라

이삭은 크게 놀랐습니다. 선지자들이 예언의 영을 갖지 못한 순간 인간적 본성에서 나온 행동이라 할지라도 주님의 손안에서 그분의 신비를 이루어 갑니다. 이삭은 이 숨겨진 비밀에 놀란 후에 하나님의 섭리를 깨닫고는 노력의 삶을 대표하는 에서가 관상적 삶을 상징하는 야곱의 지배를 받을 것이라고 한 자신의 예언을 번복하지 않습니다.

34. 에서가 그의 아버지의 말을 듣고 소리 내어 울며 아버지에게 이르되 내 아버지여 내게 축복하소서 내게도 그리하소서

35. 이삭이 이르되 네 아우가 와서 속여 네 복을 빼앗았도다

이삭과 리브가 모두 자신의 실수와 잘못에 대해 후회하지 않습니다. 하나님 안에 있는 자들은 하나님으로부터 나오지 않은 것은 보지 못합니다. 이들은 결코 피조물을 높은 데 두지 않고, 오직 신적 섭리 안에서 모든 것을 발견합니다. 극한 혼란의 상황 속에서도 그의 영이 결코 움직이지 않는다면 그것은 그가 참 하나님의 사람이라는 확실한 증거입니다.

36. 에서가 이르되 그의 이름을 야곱이라 함이 합당하지 아니하니이까 그가 나를 속임이 이것이 두 번째니이다 전에는 나의 장자의 명분을 빼앗고 이제는 내 복을 빼앗았나이다 또 이르되 아버지께서 나를 위하여 빌 복을 남기지 아니하셨나이까

37. 이삭이 에서에게 대답하여 이르되 내가 그를 너의 주로 세우고 그의 모든 형제를 내가 그에게 종으로 주었으며 곡식과 포도주를 그에게 주었으니 내 아들아 내가 네게 무엇을 할 수 있으랴

태어날 때 자기 형의 발꿈치를 잡았다 하여 이삭이 지어 준 야곱이라는 이름은 "밀어내다"라는 의미도 가지고 있습니다. 에서는 야곱이 자신을 속였다며 원망합니다. 야곱이 에서의 자리를 빼앗은 것은 사실이었지만, 정당하게 한 일이었습니다. 이삭은 에서의 원망에도 불구하고 자신이 한 일을 끝까지 번복하지 않으며 관상의 삶이 노력의 삶을 다스릴 것을 재차 선포합니다. 노력하는 삶도 나름의 열매가 있지만 관상적 삶만이 완전함에 이르게 합니다. 모든 선한 일은 관상적 삶의 기업이 되시는 하나님의 기쁨을 향하게 되어 있습니다. **큰 자가 작은 자를 섬기리라**는 약속과 같이 노력의 삶이 먼저 실행되지만, 이는 그 후에 오는 관상적 삶에는 미치지 못합니다. 궁극적으로 노력의 삶은 관상적 삶보다 열등한 것으로 드러나게 됩니다.

41. 그의 아버지가 야곱에게 축복한 그 축복으로 말미암아 에서가 야곱을 미워하여 심중에 이르기를 아버지를 곡할 때가 가까웠은즉 내가 내 아우 야곱을 죽이리라 하였더니

42. 맏아들 에서의 이 말이 리브가에게 들리매 이에 사람을 보내어 작은 아들 야곱을 불러 그에게 이르되 네 형 에서가 너를 죽여 그 한을 풀려 하니

43. 내 아들아 내 말을 따라 일어나 하란으로 가서 내 오라버니 라반에게 피신하여

노력의 영은 관상적 영이 누리게 되는 유익을 질투하고 이들이 선택되는 것을 보며 고통스러워하다가 결국 핍박을 가하게 됩니다. 이러한 모습은 노력하는 자들의 경건한 노동이 결국 하나님이 아닌 자기 자신을 위한 것이었다는 증거가 됩니다.

자비를 상징하는 리브가는 하늘의 지혜를 통해 이 두 형제를 서로 다른 두 길로 나눕니다. 하나님께서 예정하신 종속 관계에 복종한다면 이들은 한 사람으로 연합될 수 있지만, 노력한 자들의 다중(多重)성과 부산함은 관상적인 사람들의 단순성과 안식을 견디지 못하고 결국 같은 길을 가지 못하게 됩니다.

46. 리브가가 이삭에게 이르되 내가 헷 사람의 딸들로 말미암아 내 삶이 싫어졌거늘 야곱이 만일 이 땅의 딸들 곧 그들과 같은 헷 사람의 딸들 중에서 아내를 맞이하면 내 삶이 내게 무슨 재미가 있으리이까

노력의 삶은 종종 인간적이고 호색적인 삶과 교착하게 됩니다. 부지불식간에 기도와 노력을 섞는 사람들은 종종 매우 인간적이고 본능적인 행동을 하다가 결국 죄인이라고 낙인찍힌 사람보다도 더 본능에 사로잡히곤 합니다. 노력의 삶과 관상적 삶 모두의 어머니인 자비는 이러한 교착에 한탄합니다. 노력의 삶은 무감각한 가운데 자비의 영을 쇠약하게 만들고 그 안에 있는 생명을 파괴해 버리고 맙니다. **내 삶이 내게 무슨 재미가 있으리이까.** 이 말은 "나는 이런 교착이 괴로워서 죽을 지경"이라는 의미이기도 합니다.

노력의 삶이 이처럼 자비를 노하게 하는 반면, 본능적 생명이 관상에 연합될 때는 또 다른 결과를 초래합니다. 본능의 악심은 영의 기쁨을 타락으로 변화시킬 수 있습니다. 혼합된 영성의 전염력은 상상을 초월합니다. 이는 가장 아름다운 구실의 가면 아래 숨어 있기 때문에 어쩌면 전자의 경우보다 더 위험할 수 있습니다. 그래서 자비는 말합니다. **"야곱(관상적 영혼)이 만일 본능과 결합하여 육과 영이 섞인 불순한 열매를 맺는다면 나는 더 이상 살 희망이 없습니다."** 한때 영적이었던 사람들이 세속에 물들게 되면 가장 극악한 죄인이나 불완전한 영혼들보다도 더 잔인하게 자비의 생명을 꺼뜨립니다. 이에 대해 사도 바울은 다음과 같이 경고합니다. "성령으로 시작하였다가 육체로 마치게 됨을 주의하라."

28장

1. 이삭이 야곱을 불러 그에게 축복하고 또 당부하여 이르되 너는 가나안 사람의 딸들 중에서 아내를 맞이하지 말고
2. 일어나 밧단아람으로 가서 네 외조부 브두엘의 집에 이르러 거기서 네 외삼촌 라반의 딸 중에서 아내를 맞이하라
3. 전능하신 하나님이 네게 복을 주시어 네가 생육하고 번성하게 하여 네가 여러 족속을 이루게 하시고

이삭은 참된 관상적 삶을 살며 자신을 하나님께 내어 드린 자들의 모델인 야곱을 축복한 후에 은혜와 결코 조화될 수 없는 인간적이고 육적인 삶과 교착되지 말 것을 당부합니다. 그리고 야곱에게 그가 거하는 곳, 즉 자아를 떠나 외가의 딸 중에서 아내를 맞이하라고 지시합니다. 인간적이거나 육적인 생명과의 교착으로부터 거리가 먼 자비와 연결된 자만을 배우자로 선택하라는 말입니다. '자비와 새로운 언약을 맺어라. 자비가 너를 낳았다 하더라도 네가 그 언약을 지키지 않으면 자비를 잃게 될 수도 있다.' 우리는 본능적, 인간적, 육적인 사랑이 아닌 순전한 사랑과 연합해야 합니다. '네가 이처럼 행하면 천 배로 복을 받고, 네 거룩한 혼인은 자손들에 의해 순전하고 풍성하게 전해질 것이다.'

야곱은 자신을 거룩하게 구별한 위대한 관상가들과 함께 **여러 민족의 아버지** 반열에 오르게 됩니다. 그의 정신은 온 땅에 퍼지고, 세상은 그를 통해 새로워집니다. 주님, 이러한 속사람의 영을 온 땅에 보내사 새롭게 하소서! 이 영을 당신의 은혜의 강 위에 머물게 하시고 이를 통해 가장 풍성한 열매를 맺게 하소서! 자비와 기도를 통해 우리 속사람의 기능과 생명력을 활성화시키지 않으면 다른 이를 위해 열매 맺지 못하는 불임 상태로 남아 있게 됩니다. 하지만 우리 영이 활성화되기 시작할 때 우리가 하는 모든 일은 하나님이 받으시기에 참으로 합당한 것이 되지요. 하나님께서는 이를 보시고 우리 자신뿐 아니라 다른 이들도 성화시킬 복을 부으십니다.

11. 한 곳에 이르러는 해가 진지라 거기서 유숙하려고 그곳의 한 돌을 가져다가 베개로 삼고 거기 누워 자더니

하나님을 사랑하고 그분과 연합된 영혼은 어떤 상황에서도 주님 안에서 안식을 누립니다. 먼 길을 여행할지라도 그것이 안식을 방해하지 않고, 안식도 그의 걸음을 방해하지 않습니다. 야곱은 길을 가다가 중간에 잠자리를 만들고 **그곳의 한 돌을 가져다가** 베개 삼습니다. 머리를 기대기 위해 그가 고른 돌은 야곱의 유일한 도움이 되시는 예수 그리스도의 형상입니다. 영적 경주를 하는 자에게 약속된 안식과 관상의 땅에서 야곱은 휴식을 누립니다. 관상의 영혼들은 거친 이방 땅이 아닌 바로 이 땅에서의 안식을 사모합니다.

다윗은 이렇게 기록하였습니다. "우리가 이방 땅에서 어찌 여호와의 노래를 부를까?" 연합과 관상의 안식을 위해 태어난 우리가 과연 어찌 번잡함 속에서 안식할 수 있겠습니까?

해가 지고 야곱은 **잠이 들어** 황홀경 속으로 들어갑니다. 영혼을 순전하고 신적인 빛으로 인도하는 길은 오직 자연적 빛이 소멸될 때 열립니다. 이미 존재하던 것은 스며드는 것에게 자리를 내어주기 마련이지요.

12. 꿈에 본즉 사닥다리가 땅 위에 서 있는데 그 꼭대기가 하늘에 닿았고 또 본즉 하나님의 사자들이 그 위에서 오르락내리락하고
13. 또 본즉 여호와께서 그 위에 서서 이르시되 나는 여호와니 너의 조부 아브라함의 하나님이요 이삭의 하나님이라 네가 누워 있는 땅을 내가 너와 네 자손에게 주리니

야곱은 신비로운 잠 속에서 안식의 땅에서부터 하늘에 닿아 있는 사닥다리 위에 하나님이 계신 것을 보게 됩니다. 안식의 땅을 받치고 서 있지만 다른 한쪽 끝에 하나님 자신이 좌정하실 안식을 마련한 이 사닥다리의 모습은 우리가 관상의 단계에서 하나님 한 분 안에서의 안식으로 올라가야 할 것을 보여 줍니다.

땅과 하늘의 간격은 매우 큽니다. 사닥다리 위에 있던 영들이 비록 천사들이라 할지라도 그들은 오르락내리락합니다. 실제이든 그렇게만 보이든 올라간 높이는 곧 내려와야 할 높이라고 할 수 있습니다. 하지만 사닥다리를 타고 주님께 오르는 자들에게는 오르는 것이나 내려가는 것이나 동일합니다. 그들은 모든 것을 주님께 내어드리는 자들입니다.

사닥다리가 하늘에 닿아 있다는 것은 곧 하나님께 닿아 있음을 의미합니다. 말씀은 여호와께서 그 위에 서 계셨다고 기록하고 있습니다. 이것은 하나님께로 통하는 오르락내리락하는 모든 길들은 우리가 오직 주님께 닿기 시작하는 순간 모두 사라짐을 의미합니다. 사닥다리의 도움을 통해 목적지에 오른 자들에게는 더 이상 그것이 필요 없기 때문입니다.

여호와께서 그 위에 서서…. 이 모든 세상을 돌보시고 전능하신 팔로 붙드시는 분이 어떻게 어느 한 곳에 서 계실 수 있었을까요? 주님은 완전한 자아 소멸을 통해 모든 것을 버리고 자신의 근원되신 분께 의탁하는 자들 안에서 참 안식을 누리십니다. 주님 안에서 참 안식을 누리는 자들 안에서의 안식을 주님은 참으로 기뻐하십니다. 주님 안에서 안식하는 자들은 주님만으로 채워져 있기 때문에 그들 안의 안식은 곧 주님 자신 안에서의 안식이라고도 할 수 있습니다.

이 신비한 사닥다리는 그 위에 계신 하나님으로부터 나온 자들이 불결한 땅으로 내려오는 자리를 나타내기도 합니다. 이들이 다시 주님께로 돌아가기 위해서는 먼저 내려가는 길로 돌아가야 합니다. 이에 대해 신비주의자들은 주님과의 완전한 연합으로 다시 들어가는 자들은 모든 점과 창조 때의 순결함을 이룩한 영혼들이라고 말하기도 합니다. 바로 이 사닥다리가 그런 그림을 잘 보여 준다고 할 수 있습니다. 주님께로 가기 위해서는 처음에 주님으로부터 내려온 자리로 다시 돌아가야 합니다.

하나님께서는 바로 이곳에서 야곱에게 이런 일이 일어난 땅을 야곱 자신뿐 아니라 그의 **자손에게 주리라**고 약속하셨습니다. 야곱과 같이 관상 속에서 안식을 누리는 자들은 사닥다리를 타고 하나님께 이르게 됩니다. 사닥다리가 놓여 있던 땅에 대해 주님은 야곱에게 말씀하십니다. **네가 누워 있는 땅을 내가 너와 네 자손에게 주리라.**

14. 네 자손이 땅의 티끌같이 되어 네가 서쪽과 동쪽과 북쪽과 남쪽으로 퍼져 나갈지며 땅의 모든 족속이 너와 네 자손으로 말미암아 복을 받으리라

주님은 야곱에게 이러한 내면을 가진 자들이 땅의 티끌같이 많아질 것이라고 약속하십니다. 티끌이라는 표현은 수적인 의미를 가질 수도 있고, 다른 한편으로는 이런 사람들의 속성을 나타낸다고도 할 수 있습니다. 수적인 의미로 보자면 이 같은 내적 사람들이 번성하여 온 땅을 덮게 된다는 말씀이며, 이것은 실제로 오늘날 이루어졌을 뿐 아니라 앞으로도 변함없을 것입니다. 이제는 어디를 가도 이런 사람들을 만나게 됩니다. 티끌을 속성을 표현하는 의미로 본다면 완전한 무(無)의 경지에 다다른 자들이 자아 소멸을 통해 먼지처럼 작아진 모습을 나타낸다고 볼 수 있습니다. 성경에서 '이들이 티끌처럼, 혹은 더 많이 번성하리라' 고 기록하였다면 단지 수적 초과 이상을 의미하지 않았을 것입니다. 따라서 '티끌같이' 는 바로 이들의 자아 소멸을 의미한다고도 볼 수 있습니다.

15. **내가 너와 함께 있어 네가 어디로 가든지 너를 지키며 너를 이끌어 이 땅으로 돌아오게 할지라 내가 네게 허락한 것을 다 이루기까지 너를 떠나지 아니하리라 하신지라**

하나님께서는 야곱에게 그를 지키고 돌아오게 하실 것이라는 확신을 주십니다. 주님은 그분께 자신을 내어드린 자들을 본향으로 인도하실 때까지 항상 보호하십니다.

16. **야곱이 잠이 깨어 이르되 여호와께서 과연 여기 계시거늘 내가 알지 못하였도다**

신비의 잠에서 깬 야곱은 하나님께서 그곳에 계시지만 알지 못하였다고 고백합니다. 하나님이 어디에나 계신 것을 몰랐다는 말은 아닙니다. 야곱과 같은 영혼들은 하나님을 소유하고 있으면서도 소유한다고 생각하지 못할 정도로 믿음 안에서 벌거벗은 상태로 평화와 연합에 완전히 젖어 있다가 하나님께서 존재감을 드러내실 때에야 비로소 이를 깨닫게 됩니다. 밝은 태양 빛이 눈을 부시게 하듯 믿음과 자기부인은 이러한 자들의 눈을 부시게 하여 주님 외에 어떤 것도 분별하지 못하게 합니다. 그분을 인식한다는 것은 마치 공기 중에 눈을 뜨고 숨을 쉬면서도 무언가를 보고 숨쉰다는 것을 생각하지 못하는 것과 같습니다. 이런 자들은 하나님께 완전히 젖어 있지만 자기 자신이 어떤 상태인지는 하나님께서 숨기시기 때문에 잘 알지 못합니다. 이처럼 비밀하고 알아차릴 수 없을 만큼 미세한 것을 바로 신비라고 부릅니다.

17. 이에 두려워하여 이르되 두렵도다 이곳이여 이것은 다름 아닌 하나님의 집이요 이는 하늘의 문이로다 하고

야곱은 두려워하며 외칩니다. "두렵도다, 이곳이여!" 이것은 택하신 영혼들이 하늘의 문에 이르기 위해 통과해야 할 극한 고난을 깨닫고 외치는 소리입니다. 그렇지 않다면 보는 즉시 기쁨의 황홀한 경륜과 영광의 거처로 당장 들어가지 않았을까요? 그가 끔찍하고 두렵다고 외친 곳은 바로 하나님의 집이자 천국의 문입니다. 오히려 "귀하도다, 이곳이여! 하나님의 집, 천국의 문이 어찌 그리 사랑스럽고 아름다운지요!"라고 하는 게 맞지 않을까요? 하지만 야곱은 아름다움 그 너머의 것을 보고 두렵다고 말했습니다. 그는 자신이 겪어야 할 고난과 주님께서 영혼들을 천국의 문으로 인도하시는 낯선 방법들을 보았지만 두렵다는 말 외에 더 이상 언급하지 않습니다. 말로 표현하면 안 되는 비밀들이 있기 때문이지요.

18. 야곱이 아침에 일찍이 일어나 베개로 삼았던 돌을 가져다가 기둥으
로 세우고 그 위에 기름을 붓고
20. 야곱이 서원하여 이르되 하나님이 나와 함께 계셔서 내가 가는 이 길
에서 나를 지키시고 먹을 떡과 입을 옷을 주시어
21. 내가 평안히 아버지 집으로 돌아가게 하시오면 여호와께서 나의 하
나님이 되실 것이요
22. 내가 기둥으로 세운 이 돌이 하나님의 집이 될 것이요 하나님께서 내
게 주신 모든 것에서 십분의 일을 내가 반드시 하나님께 드리겠나이
다 하였더라

이곳에서 겪은 경험과 알게 된 것들을 후세에 전하기 위해 야곱은 기둥을 세웁니다.

야곱과 같은 과정을 통해 얻은 지식은 두려움과 망설임을 불러일으킵니다. 믿음과 자기부인의 길에서는 확신을 가질 만한 어떤 환상이나 단어, 호의에도 멈추지 말아야 합니다. 이런 확신은 우리를 지체시킬 뿐입니다. 야곱은 자신이 보거나 심지어 하나님이 말씀하신 것이라 할지라도 멈추지 않고 오직 주님께서 목표하신 시간을 향해 담대하게 전진합니다. 그리고 이렇게 고백합니다. **"하나님이 나와 함께 계셔서 내가 가는 길을 죄와 위험과 번잡한 곳으로부터 지키시면, 여호와를 나의 하나님으로 고백할 것입니다. 하지만 내가 주님의 섭리에 나를 완전히 맡겨 버리고, 주의 길을 가는 동안 당신의 인도하심 외에 어떤 것도 바라지 않을지라도 당신이 나로 평안히 아버지의 집, 즉 나의 근원 되신 분 안에서의 안식으로 돌아가게 하지 않으시면, 나는 주가 나의 하나님이라는 완전한 확신과 경험을 가질 수 없습니다. 확실치 않은 이 길을 가는 동안 언제나 부당한 일을 겪을 수 있기 때문입니다."**

어떻게 돌 하나를 가져다가 하나님의 집이라는 이름을 붙일 수 있을까요? 여기서 돌은 모든 것이 숨겨져 있는 신비한 안식을 상징합니다. 신비의 사막을 통과하여 하나님께 다다른 자신뿐 아니라 다른 이들에게도 이 신비의 길이야말로 하나님의 처소임을 알리기 위한 것이지요.

29장

9. 야곱이 그들과 말하는 동안에 라헬이 그의 아버지의 양과 함께 오니
그가 그의 양들을 치고 있었기 때문이더라
10. 야곱이 그의 외삼촌 라반의 딸 라헬과 그의 외삼촌의 양을 보고 나아
가 우물 아귀에서 돌을 옮기고 외삼촌 라반의 양 떼에게 물을 먹이고

야곱은 라헬을 위해 양 떼에게 물을 먹입니다. 이삭 때에는 리브가가 종과 낙타들에게 물을 먹였습니다. 서로 다른 이 두 사건 뒤에는 매우 큰 신비가 담겨 있습니다. 당시 야곱이나 라헬 모두 영적 결혼에 준비가 되어 있지 않은 상태였습니다. 특히 라헬은 영적 삶에 대해 완전히 무지했기 때문에 물을 흐르게 해야 할 사람은 아버지로부터 약속을 받은 야곱이었습니다. 라헬은 아이를 낳지 못하다가 후에 큰 부족을 이룰 두 지파를 출산합니다. 그러나 생명의 근원 되신 예수 그리스도는 라헬이 아닌 야곱으로부터 시작됩니다. 위 구절에서 야곱은 온 세상의 구주이시며 은혜와 구원과 완전함의 형상을 상징하는 물을 흘려보냅니다.

라헬과 달리 리브가는 이삭을 위해 엘리에셀과 그의 사람들에게 예수 그리스도를 상징하는 순전하고 생기를 주는 물을 줄 수 있었습니다. 야곱이 그리스도 안에 있고, 반석으로부터 나오는 물을 양 떼에게 먹이시는 참 목자 되신 예수 그리스도께서 야곱 안에 계시기 때문에 야곱은 라헬을 위해 목자의 역할을 감당합니다.

11. 그가 라헬에게 입맞추고 소리 내어 울며

야곱이 라헬에게 한 연합의 입맞춤은 생명과 믿음의 길로의 초청입니다. 야곱의 눈물은 어쩌면 가장 아름답고 정숙한 라헬이라 할지라도 예수 그리스도의 계보에 들지 못할 것을 직감함에서 나오지 않았을까요. 야곱이 라헬에게 가진 사랑에는 자연적 사랑도 섞여 있었기 때문에 그리스도의 출산을 방해할 수도 있었습니다. 사도적 삶은 덕이 넘치고 거룩한 그 어떤 삶보다도 더 큰 순결함과 완전한 연단을 필요로 하지요.

20. 야곱이 라헬을 위하여 칠 년 동안 라반을 섬겼으나 그를 사랑하는 까닭에 칠 년을 며칠같이 여겼더라

라헬을 향해 자연적인 사랑을 품은 야곱의 연약함을 하나님께서는 가만히 두고 보십니다. 야곱은 라헬을 아내로 맞기 위해 칠 년 동안이나 봉사하지만, 사랑 때문에 며칠같이 여깁니다. 비록 연약함 때문이라도 이런 종류의 인내는 주님의 계획을 성취하기 위한 목적으로 사용되고, 자아 소멸과 십자가 위에 드려지는 삶으로 이끕니다. 이처럼 십자가를 통과하는 과정을 통해 우리는 사도적 부르심으로 나아가게 됩니다. 레아가 바로 이러한 삶을 상징하지만, 라헬로 나타나는 관상의 달콤함만으로는 결코 신적 열매를 맺는 삶으로 나아갈 수 없습니다. 오직 십자가만이 그러한 삶으로 인도하고, 기도가 합해질 때 은혜의 열매를 맺게 됩니다. 십자가는 기도라는 자궁에 예수 그리스도의 보혈을 흘려보냄으로써 열매 맺게 합니다. 그리고 기도는 우리가 지고 가는 십자가 위에 하늘로부터 우리를 성화의 길로 이끄시는 하나님의 영을 풀어놓습니다.

21. **야곱이 라반에게 이르되 내 기한이 찼으니 내 아내를 내게 주소서 내가 그에게 들어가겠나이다**
22. **라반이 그곳 사람을 다 모아 잔치하고**
23. **저녁에 그의 딸 레아를 야곱에게로 데려가매 야곱이 그에게로 들어가니라**

선하신 하나님께서는 때로 우리가 속는 상황을 허락하십니다. 주님은 우리가 내적 달콤함을 사랑하여 그 속에서 만족하며 살려고 할 때 십자가를 그 자리에 놓으십니다. 내적 위로(라헬)는 언제나 호감을 주기 때문에 종종 불신앙과 연약함이 무질서하게 들러붙곤 합니다. 하나님께서는 때로 이러한 사랑일지라도 풍성히 주십니다. 하지만 이내 주님께서 예비하신 십자가를 지는 자리로 바뀌게 됩니다.

24. **라반이 또 그의 여종 실바를 그의 딸 레아에게 시녀로 주었더라**
25. **야곱이 아침에 보니 레아라 라반에게 이르되 외삼촌이 어찌하여 내게 이같이 행하셨나이까 내가 라헬을 위하여 외삼촌을 섬기지 아니하였나이까 외삼촌이 나를 속이심은 어찌됨이니이까**

아침, 즉 밝을 때 우리는 라헬을 사랑합니다. 하지만 밤, 믿음의 길이라는 불확실성 속에서는 레아를 소유하게 됩니다. 믿음은 레아의 다산(多産)을 사랑하지만, 자연적 본성은 라헬의 아름다움을 사랑합니다. 레아는 시력이 약했다고 기록되어 있지만, 밤의 안식 속에서는 라헬만큼이나 호감을 주고, 심지어 라헬의 자리를 앞지릅니다. 십자가를 그저 바라볼 때는 흉하게 보이지만, 연합의 안식 안에서 십자가를 소유하면 그 안에서 어떤 달콤함보다도 큰 수많은 쾌락을 발견하게 됩니다. 자기 사랑은 하나님께서 잠깐 허락하신 달콤함을 영원히 소유할 수 있을 거라 기대하지만, 거기에는 십자가에 대한 혐오감만이 남게 되고, 결국 이에 대해 하나님께 불평을 늘어놓습니다. '나의 오랜 섬김에 대해 약속하신 보상이 겨우 이것입니까? 나는 당신께서 영적 즐거움으로 가득 채우실 줄 알았습니다. 그런데 내게 고통과 쓴 뿌리만 주시다니요! 이런 생각지도 못한 결과가 대체 어디서 왔단 말입니까?'

26. 라반이 이르되 언니보다 아우를 먼저 주는 것은 우리 지방에서 하지 아니하는 바이라
27. 이를 위하여 칠 일을 채우라 우리가 그도 네게 주리니 네가 또 나를 칠 년 동안 섬길지니라
28. 야곱이 그대로 하여 그 칠 일을 채우매 라반이 딸 라헬도 그에게 아내로 주고

이 영혼을 향한 긍휼로 가득 차 계시던 하나님께서는 그를 위로하시면서 말씀하십니다. '내가 네게 허락한 것을 며칠만 참아라. 그 후에는 네가 잠시 맛보았던 외적 달콤함이 아닌 참된 친밀함을 소유하게 될 것이다. 하지만 이런 기쁨 전에는 애통함이 온다. 친밀하고 영원한 기쁨이 오기 전에 먼저 장자권을 가진 십자가가 와야 한다. 네가 맛본 작은 즐거움은 너의 연약함을 위해 준 것이다. 하지만 이후에는 내가 네게 약속한 영원한 달콤함을 알게 되리니,

칠 년의 섬김이 지난 후 측량할 수 없는 유익을 얻게 될 것이다.'

30. 야곱이 또한 라헬에게로 들어갔고 그가 레아보다 라헬을 더 사랑하여 다시 칠 년 동안 라반을 섬겼더라

진리의 길에서 계속적으로 전진하지 못한 영혼은 십자가보다도 즐거움을 더 사랑하고, 이것은 진보를 지체시킬 뿐입니다. 하나님은 우리를 가르치시기 위해 이 모든 일이 야곱에게 일어나도록 허락하십니다. 사도 바울은 그래서 이렇게 말하였습니다. "말씀에 기록된 모든 것들은 우리를 깨우치기 위해 기록된 것이라."

31. 여호와께서 레아가 사랑 받지 못함을 보시고 그의 태를 여셨으나 라헬은 자녀가 없었더라

32. 레아가 임신하여 아들을 낳고 그 이름을 르우벤이라 하여 이르되 여호와께서 나의 괴로움을 돌보셨으니 이제는 내 남편이 나를 사랑하리로다 하였더라

그다지 호감이 가지도 않고 사랑스럽게 보이지도 않는 십자가는 언제나 **다산(多産)**합니다. 따라서 깨어난 영혼은 그 무엇보다도 십자가를 사랑하기 마련입니다. 겉으로는 쓴 것처럼 보이는 십자가에는 말로 다할 수 없는 유익이 있지만, 즐거움만을 주는 달콤함은 아무것도 출산하지 못합니다.

십자가를 상징하는 레아는 어머니가 된 기쁨을 표현합니다. 레아는 자신과 연합된 남편이 이제 그녀의 다산을 보고 합당한 존중을 해주리라 소망하면서도 여기에 사로잡히지 않고 이 모든 것이 그녀를 천함에서 일으키사 주께 영광을 돌리는 자로 구별하신 신실하신 하나님으로부터 비롯되었음을 깨닫습니다. 십자가는 오직 열매로 판단됩니다. 감각으로는 알아볼 수 없을지라도, 영은 믿음으로 십자가를 발견합니다.

33. 그가 다시 임신하여 아들을 낳고 이르되 여호와께서 내가 사랑 받지 못함을 들으셨으므로 내게 이 아들도 주셨도다 하고 그의 이름을 시므온이라 하였으며

34. 그가 또 임신하여 아들을 낳고 이르되 내가 그에게 세 아들을 낳았으니 내 남편이 지금부터 나와 연합하리로다 하고 그의 이름을 레위라 하였으며

이처럼 큰 축복의 십자가가 사랑 받기 어렵다는 사실은 정말 놀라울 따름입니다. 레아는 여기서 거룩한 제사장의 혈통을 출산함에도 불구하고 여전히 사랑 받지 못합니다. 첫 출산 때 레아는 자신의 존재가 천함에서 건져진 것을 기뻐하고, 두 번째 출산 때는 자기가 사랑 받기에 합당한 자가 되었음을 바라봅니다. 그리고 왕 같은 제사장 레위를 낳은 후, 이제는 야곱이 레아를 알아볼 만큼 지혜롭게 되어 그녀와의 연합을 원할 것이라 믿습니다.

35. 그가 또 임신하여 아들을 낳고 이르되 내가 이제는 여호와를 찬송하리로다 하고 이로 말미암아 그가 그의 이름을 유다라 하였고 그의 출산이 멈추었더라

하지만 네 번째 출산에서 레아는 유다를 통해 예수 그리스도의 계보를 이어가실 하나님만을 찬양합니다. 예수 그리스도는 모든 소망의 마지막 완성이 되십니다. 그렇기 때문에 유다를 낳자 레아의 출산이 멈추는 것입니다.

십자가를 상징하는 레아는 이처럼 고귀한 혈통의 탄생에 완전히 도취되어 더 이상 이전처럼 남편 야곱에 대하여 언급하거나 그를 소유하고자 하는 열망을 표출하지 않고 오직 담대하게 외칩니다. "내가 이제는 여호와를 찬송하리로다. 이것 말고는 어떤 것도 갈망하지 않으리!" 이 세상의 구원은 오직 십자가로부터 말미암습니다. 이 십자가 위에서 예수 그리스도의 피가 쏟아지자 온 하늘과 땅에 있는 모든 것들 가운데 평화가 머물게 되었습니다.

30장

1. 라헬이 자기가 야곱에게서 아들을 낳지 못함을 보고 그의 언니를 시기하여 야곱에게 이르되 내게 자식을 낳게 하라 그렇지 아니하면 내가 죽겠노라
2. 야곱이 라헬에게 성을 내어 이르되 그대를 임신하지 못하게 하시는 이는 하나님이시니 내가 하나님을 대신하겠느냐

달콤함을 상징하는 라헬은 십자가가 가지고 있는 유익을 갈망하게 됩니다. 출산하지 못하는 자기 자신에게 지쳐 끝내 야곱에게 말합니다. "내게 자식을 낳게 하라. 그렇지 아니하면 내가 죽겠노라. 왜 십자가만 출산의 복을 가지고 있는가?" 라헬은 죽거나 십자가의 다산에 참여하는 것 둘 중 하나를 원하게 됩니다. 라헬의 이 같은 단호함과 분노를 보고 야곱은 출산케 하시는 분은 오직 하나님이시라고 설명합니다. 두 아내를 통해 나타나는 십자가와 위로, 시험은 야곱을 연단시킵니다. 이런 시험 가운데서도 신실함을 유지하려면 모든 것을 하나님의 손에 맡겨 드려야 합니다.

3. 라헬이 이르되 내 여종 빌하에게로 들어가라 그가 아들을 낳아 내 무릎에 두리니 그러면 나도 그로 말미암아 자식을 얻겠노라 하고

4. 그의 시녀 빌하를 남편에게 아내로 주매 야곱이 그에게로 들어갔더니
5. 빌하가 임신하여 야곱에게 아들을 낳은지라

라헬은 자신이 출산하지 못하자 여종을 의지하기 시작합니다. 관상의 달콤함에 머물러 있는 영혼은 그 무력함을 발견하고는 출산을 위해 종에게 의지합니다. 외적인 노력을 통해 불임에서 벗어나고자 자연적 본성에 의지하는 것이라 할 수 있습니다.

14. 밀 거둘 때 르우벤이 나가서 들에서 합환채를 얻어 그의 어머니 레아에게 드렸더니 라헬이 레아에게 이르되 언니의 아들의 합환채를 청구하노라
15. 레아가 그에게 이르되 네가 내 남편을 빼앗은 것이 작은 일이냐 그런데 네가 내 아들의 합환채도 빼앗고자 하느냐 라헬이 이르되 그러면 언니의 아들의 합환채 대신에 오늘 밤에 내 남편이 언니와 동침하리라 하니라

분명하고 밝은 것만을 추구하는 삶은 연약한 어린아이와 같습니다. 라헬은 남편을 소유하게 되는 것보다 합환채의 향기를 맡고 그 아름다움을 감상하는 것을 택합니다. 감각적인 것에만 집착하는 나약한 영혼들은 이 점에서 라헬과 닮았다고 볼 수 있습니다. 이들은 딱딱한 것이나 모든 은사, 하나님을 소유하게 되는 것보다 달콤한 것을 더 좋아합니다.

16. 저물 때에 야곱이 들에서 돌아오매 레아가 나와서 그를 영접하며 이르되 내게로 들어오라 내가 내 아들의 합환채로 당신을 샀노라 그 밤

에 야곱이 그와 동침하였더라

17. 하나님이 레아의 소원을 들으셨으므로 그가 임신하여 다섯째 아들을 야곱에게 낳은지라

십자가를 통해 강하고 관대해진 영혼들은 레아와 같이 십자가로부터 나오지 않은 즐거움이라면 기꺼이 포기하고 대신 남편을 소유하고자 합니다. 하나님께서는 이러한 선택에 대해 아들 둘과 딸 하나를 출산하는 결실의 축복을 주십니다. 하나님을 위해 모든 것을 포기한 영혼은 이제 모든 은사보다도 주님을 소유하게 된 기쁨으로 그분께 달려갑니다.

22. 하나님이 라헬을 생각하신지라 하나님이 그의 소원을 들으시고 그의 태를 여셨으므로

23. 그가 임신하여 아들을 낳고 이르되 하나님이 내 부끄러움을 씻으셨다 하고

끝없이 선하신 주님은 나약한 영혼들의 연약함을 반드시 갚아 주십니다. 주님께서는 라헬을 긍휼히 여기시고 어머니로 만들어 주십니다. 라헬과 같은 영혼들도 시간이 지남에 따라 점점 무르익어 열매를 맺게 됩니다. 하지만 양적으로나 질적으로나 십자가를 통과한 자들에는 결코 미치지 못합니다. 그러할지라도 이 출산으로 인해 라헬은 매우 기뻐하며 주님께서 자신을 비천함에서 건지셨다고 고백합니다.

25. 라헬이 요셉을 낳았을 때에 야곱이 라반에게 이르되 나를 보내어 내 고향 나의 땅으로 가게 하시되

밝음과 달콤함의 길이 열매를 맺자 이 같은 아름다운 열매에 매료된 야곱은 다시 왔던 길로 돌아가 자기부인(abandon)에게 보이고자 하는 열망을 갖습니다. 또한 타향(他鄕)에서의 오랜 생활로 인해 자녀들이 이방 문화를 받아들여 혼합된 가치관을 형성할까 두려워하기라도 한 것처럼, 이제는 돌아가게 해 달라고 라반에게 청합니다.

31장

3. 여호와께서 야곱에게 이르시되 네 조상의 땅 네 족속에게로 돌아가라 내가 너와 함께 있으리라 하신지라

야곱을 특별한 관심과 아버지의 보살핌으로 인도하신 주님은 이제 **조상의 땅**으로 돌아가라 명하십니다. 어쩌면 주님께서는 야곱의 부가 그를 시험하여 다른 길로 빠지게 할 수도 있다고 생각하셨던 것 같습니다. 주님께서는 야곱이 본향으로 돌아가 주님 안에서 안식하기까지 "너와 함께 있으리라"고 거듭 약속해 주십니다. 그곳에 이르기 전에는 작은 변화일지라도 경계해야 합니다.

8. 그가 이르기를 점 있는 것이 네 삯이 되리라 하면 온 양 떼가 낳은 것이 점 있는 것이요 또 얼룩무늬 있는 것이 네 삯이 되리라 하면 온 양 떼가 낳은 것이 얼룩무늬 있는 것이니

야곱의 양들의 색깔은 다양했습니다. 한 영혼이 하나님 안에 영원히 머물기 전까지는 언제나 약간의 변화가 함께합니다. 이러한 변화는 매우 다양하여 때에 따라 모습이 달라지기도 하고, 평화롭다가 갑자기 근심과 흥분 상태가 되기도 합니다. 우리는 오직 하나님 안에서만 변하지 않는 모습을 취하게 됩니다. 영혼의 기원은 순전함과 단순함이기 때문입니다.

13. 나는 벧엘의 하나님이라 네가 거기서 기둥에 기름을 붓고 거기서 내게 서원하였으니 지금 일어나 이곳을 떠나서 네 출생지로 돌아가라 하셨느니라

주님께서 말씀하십니다. "네가 돌을 세우고 내게 서원한 곳을 기억하라. 내가 그곳에서 너를 인도하리라 약속하였었노라. 나는 너를 네 출생지인 그곳으로 다시 돌려보내기 원한다. 나는 이제 다시 내 안에서 네 자신을 잃어버리게 하는 장소로 인도하고, 너로 네가 출생한 근원으로부터 넘쳐흐르게 하리라."

18. 그 모은 바 모든 가축과 모든 소유물 곧 그가 밧단아람에서 모은 가축을 이끌고 가나안 땅에 있는 그의 아버지 이삭에게로 가려 할새
19. 그때에 라반이 양털을 깎으러 갔으므로 라헬은 그의 아버지의 드라빔을 도둑질하고

야곱은 자기에게 속한 모든 것을 가지고 떠납니다. 하지만 라헬의 도둑질 사건은 밝음만을 추구하는 영혼과 십자가를 통해 모든 것을 벗어버린 영혼의 차이가 얼마나 큰지 보여 줍니다. 밝음만을 추구하는 영혼들은 언제나 다른 이들이 가지지 않은 우상과 같은 무언가를 가지고 다니는 것에 집착합니다. 이에 반대로 레아는 자녀들 외에 아무것도 챙겨 가지 않습니다. 그녀는 주님으로 만족하기 때문입니다.

22. 삼 일 만에 야곱이 도망한 것이 라반에게 들린지라
23. 라반이 그의 형제를 거느리고 칠 일 길을 쫓아가 길르앗 산에서 그에게 이르렀더니
24. 밤에 하나님이 아람 사람 라반에게 현몽하여 이르시되 너는 삼가 야곱에게 선악간에 말하지 말라 하셨더라

하나님께 완전히 자신을 내어 맡긴 자들을 향한 주님의 돌보심은 참으로 놀랍습니다. 주님은 이들이 최소한의 사고도 당하지 않게 보호하십니다. 하나님께서는 이들을 핍박자들의 학대로부터 지키시기 위해 현몽이나 기적도 서슴지 않고 베푸십니다. 위 구절에서도 주님은 야곱과 그의 가족을 라반의 분노에서 구하기 위해 놀라운 방법으로 일하십니다.

37. 외삼촌께서 내 물건을 다 뒤져 보셨으니 외삼촌의 집안 물건 중에서 무엇을 찾아내었나이까 여기 내 형제와 외삼촌의 형제 앞에 그것을 두고 우리 둘 사이에 판단하게 하소서
38. 내가 이 이십 년을 외삼촌과 함께하였거니와 외삼촌의 암양들이나 암염소들이 낙태하지 아니하였고 또 외삼촌의 양 떼의 숫양을 내가 먹지 아니하였으며
39. 물려 찢긴 것은 내가 외삼촌에게로 가져가지 아니하고 낮에 도둑을 맞았든지 밤에 도둑을 맞았든지 외삼촌이 그것을 내 손에서 찾았으므로 내가 스스로 그것을 보충하였으며
40. 내가 이와 같이 낮에는 더위와 밤에는 추위를 무릅쓰고 눈 붙일 겨를도 없이 지냈나이다
41. 내가 외삼촌의 집에 있는 이 이십 년 동안 외삼촌의 두 딸을 위하여

십사 년, 외삼촌의 양 떼를 위하여 육 년을 외삼촌에게 봉사하였거니와 외삼촌께서 내 품삯을 열 번이나 바꾸셨으며

야곱에게서 선한 목자의 모습을 보십시오. 그는 양 떼가 다치지 않게 보호하고, 원수에게 빼앗기지 않기 위해 밖을 지키며 목숨이라도 내어 놓습니다. 그는 양 떼의 유익을 위해 자신을 희생하고, 양 대신 기꺼이 피해를 입었습니다. 위 구절에서 야곱이 보여 주는 모습은 우리의 목자 되신 예수님의 모습을 가장 잘 나타낸다고 볼 수 있습니다. 이것이 바로 참 목자들이 가져야 할 자질이라 할 수 있습니다. 하지만 야곱과 같이 하나님 안에서 강건하고 깊은 내면을 가진 사람이 아니라면 위에 나타난 모든 것들을 할 수 있을 거라는 기만에 빠져서는 안 됩니다.

32장

1. 야곱이 길을 가는데 하나님의 사자들이 그를 만난지라

하나님의 사자들과의 만남으로 받은 위로는 하나님께 들어가기 전에 싸워야 하는 큰 전투를 위해 야곱을 준비시켰습니다. 그는 피조물들의 괴롭힘이 아닌 하나님을 직접 대면할 준비를 하기 위해 먼저 땅의 대적들의 공격을 이겨내야 했습니다. 사실 이 땅의 대적들은 앞으로 다가올 전투의 전조일 뿐입니다. 눈앞의 전투는 보이기 때문에 두려워지기 쉽습니다. 하지만 참 전투에 대해서는 잘 알지 못하기 때문에 두려움을 망각하게 됩니다.

6. 사자들이 야곱에게 돌아와 이르되 우리가 주인의 형 에서에게 이른즉 그가 사백 명을 거느리고 주인을 만나려고 오더이다
7. 야곱이 심히 두렵고 답답하여 자기와 함께한 동행자와 양과 소와 낙타를 두 떼로 나누고

우리는 종종 가상의 악으로 인해 괴로워하면서도 참 전투에 대해서는 담담합니다. 야곱은 에서를 만나는 것을 매우 두려워했지만, 막상 큰 두려움의 대상이었던 에서는 야곱에게 아무런 해를 입히지 않습니다. 하지만 야곱은 하나님께서 준비하고 계신 전투에 대해서는 전혀 두려워하지 않습니다.

9. **야곱이 또 이르되 내 조부 아브라함의 하나님, 내 아버지 이삭의 하나님 여호와여 주께서 전에 내게 명하시기를 네 고향, 네 족속에게로 돌아가라 내가 네게 은혜를 베풀리라 하셨나이다**
10. **나는 주께서 주의 종에게 베푸신 모든 은총과 모든 진실하심을 조금도 감당할 수 없사오나 내가 내 지팡이만 가지고 이 요단을 건넜더니 지금은 두 떼나 이루었나이다**

괴로움 가운데 하나님께로 돌아가는 야곱의 모습을 보면 고통과 역경이 우리에게 얼마나 유익한지 알 수 있습니다. 고통과 역경은 하나님의 은총을 다시 기억나게 하고, 위로가 아닌 담대함의 배가(倍加)를 구하도록 이끌어 줍니다. 야곱은 불평하기보다 하나님께서 그에게 주셨던 약속들을 다시 기억합니다. 그리고 받은 모든 축복을 주님 앞에 내려놓고 이것들이 무익하게 되지 않기를 구합니다.

야곱은 매우 강력하고도 부드러운 방법으로 주님의 도우심을 구합니다. 야곱 안에 일어난 당혹감과 비탄은 믿음과 자기부인의 길을 통해 자신의 근원 되신 하나님께 돌아가는 것을 상징합니다. 이때 영혼 안에 의심과 고통이 일어나고, 결코 피할 수 없는 죽음에 대한 두려움이 그를 사로잡습니다. 하지만 야곱이 두려워하는 죽음이 대체 어떤 것일까요? 바로 죄로 인한 죽음입니다. 이 대적을 이겨 그 위에서 다스리고 장자의 자리를 차지했건만, 이제 그의 손에 복수 당할 것을 두려워하고 있는 것입니다. 자신을 가만두지 않을 거라 확신하고 실패를 피할 힘이 없다고 생각합니다. 하나님께서 돌아가라 명하셨기에 자신이 순종한 사실과 모든 것이 그분의 손에 있음을 사면초가에 빠진 상황에서 상기시켜 드립니다. 그리고 주님의 보호하심을 구합니다. 이 같은 상황에서 야곱의 선조들도 동일한 모습을 보였을 뿐 아니라, 이를 통해 하나님께서는 그들의 하나님 되심을 선포하셨습니다. 야곱은 주님 앞에 스스로를 낮추고 그분의 진리를 다시금 상기시켜 드립니다.

11. 내가 주께 간구하오니 내 형의 손에서, 에서의 손에서 나를 건져내시옵소서 내가 그를 두려워함은 그가 와서 나와 내 처자들을 칠까 겁이 나기 때문이니이다

12. 주께서 말씀하시기를 내가 반드시 네게 은혜를 베풀어 네 씨로 바다의 셀 수 없는 모래와 같이 많게 하리라 하셨나이다

"어미와 자녀들을 칠까 겁이 나기 때문이니이다." 죄는 어미, 즉 은혜로 주어진 의(義)를 칠 뿐 아니라 덕과 선한 일을 상징하는 자녀들을 칩니다. 번민(煩悶)에 눌린 영혼은 어미와 자식 둘 다 잃을까 봐 두려워합니다. 야곱은 의(義)를 잃어버리게 되는 것 외에 다른 상실에 대해서는 두려워하지 않고, 재물이 상징하는 하늘의 것에 대한 기호를 포기합니다. 죄가 와서 모든 것을 앗아갈 것처럼 보이는 상황 속에서 야곱은 성실과 그 열매, 즉 신적 미덕만큼은 상실하지 않으려 합니다. 괴로움 속에 있는 영혼이여, 해를 입게 될까 두려워하고 있군요. 하지만 두려워하지 마십시오. 하나님께서는 위협적으로 다가오는 재앙으로부터 그대를 지키실 것입니다.

13. 야곱이 거기서 밤을 지내고 그 소유 중에서 형 에서를 위하여 예물을 택하니

23. 그들을 인도하여 시내를 건너가게 하며 그의 소유도 건너가게 하고

24. 야곱은 홀로 남았더니 어떤 사람이 날이 새도록 야곱과 씨름하다가
25. 자기가 야곱을 이기지 못함을 보고 그가 야곱의 허벅지 관절을 치매
야곱의 허벅지 관절이 그 사람과 씨름할 때에 어긋났더라

야곱은 가지고 있던 모든 소유를 운명에 맡기고 홀로 남습니다. 가엾은 그대여, 선물로 원수를 달래어 싸움을 피할 수 있으리라 생각하셨나요? 장인(피조물을 상징)의 추격을 피할 수 있었듯이 다른 대적들로부터 빠져나오리라 생각하셨나요? 하지만 그대가 싸워야 할 대상은 당신을 공격해 오시는 하나님이십니다. 이것은 가장 맹렬한 최후의 전투입니다. 하나님과의 전투에서 그분의 힘의 무게를 견디고 살아남는다는 것은 오직 경험을 통해서만 이해할 수 있는 것입니다. 이러한 전투에는 반드시 대가 지불이 필요하며, 야곱은 그 결과 절름발이가 되었습니다.

26. 그가 이르되 날이 새려 하니 나로 가게 하라 야곱이 이르되 당신이
내게 축복하지 아니하면 가게 하지 아니하겠나이다
27. 그 사람이 그에게 이르되 네 이름이 무엇이냐 그가 이르되 야곱이니
이다
28. 그가 이르되 네 이름을 다시는 야곱이라 부를 것이 아니요 이스라엘
이라 부를 것이니 이는 네가 하나님과 및 사람들과 겨루어 이겼음이
니라

마지막 전투가 끝나자 아브라함과 사라처럼 야곱에게도 새 이름이 주어집니다. 구약과 신약 모두 이 사건을 중요하게 다루고 있습니다. 자신의 의와 힘을 상실한 영혼은 하나님의 힘을 공급 받습니다. 이제 야곱의 이름은 '하나

님과 겨루어 이기었다, 하나님처럼 강하다, 하나님의 힘으로' 라는 뜻을 가진 이스라엘로 바뀝니다. 이런 연유로 야곱의 자녀들로부터 나온 민족뿐 아니라 하나님의 모든 영적 자녀들을 이스라엘 백성이라 부릅니다. 이들은 하나님의 힘으로 옷 입은 자들입니다. 출애굽기에서는 이 백성에 대해 이렇게 기록하고 있습니다. "여호와께서 너희를 위하여 싸우시리니 너희는 가만히 있을지니라." 하나님께서 싸우시기 때문에 우리가 할 일은 안식하는 것입니다. 사무엘상에서 다윗은 이렇게 외칩니다. "너는 칼과 단창으로 내게 나아오거니와 나는 만군의 여호와의 이름으로 네게 나아가노라!" 하나님의 힘으로 옷 입은 영혼은 더 이상 사람이나 마귀를 두려워하지 않습니다. 하나님과 겨루어 이긴 자에게 더 이상 무엇이 두려움의 대상이 되겠습니까?

31. 그가 브니엘을 지날 때에 해가 돋았고 그의 허벅다리로 말미암아 절었더라

치열한 씨름이 끝나자 해가 돋기 시작합니다. 자아가 완전히 소진되고 소멸된 영혼들은 하나님께서 모든 존재의 태양 되심을 깨닫습니다. 이전과는 비교할 수 없을 정도로 하나님에 대해 잘 알게 되었지만, 여전히 주님은 형용할 수 없을 만큼 광대하신 분임을 깨닫는 것입니다. 한낱 피조물의 눈에는 신적 전투를 신실하게 통과한 영혼이 오히려 이전보다 더 연약해 보일 수도 있습니다. 하지만 자신의 힘을 상실하고 하나님의 힘 안으로 들어간 이들은 그 어느 때보다도 강합니다. 야곱은 비록 절름발이가 되었지만, 이스라엘이라는 이름처럼 '하나님과 겨루어 이기다' 의 뜻을 이루고 그 이름을 소유하게 됩니다.

33장

10. 야곱이 이르되 그렇지 아니하니이다… 내가 형님의 얼굴을 뵈온즉 하나님의 얼굴을 본 것 같사오며 형님도 나를 기뻐하심이니이다
11. 하나님이 내게 은혜를 베푸셨고 내 소유도 족하오니 청하건대 내가 형님께 드리는 예물을 받으소서 하고 그에게 강권하매 받으니라

새 이름을 받은 야곱은 이제 강건하고 성숙하여 하나님을 통해 모든 것을 보고, 또 모든 것 안에서 하나님을 발견하게 됩니다. 야곱을 두렵게 하던 죄는 더 이상 그를 위협하지 못합니다. 야곱은 전혀 죄가 없고 완전히 거룩하신 하나님을 떠나서는 아무것도 보지 못하기 때문에 지옥은 더 이상 그를 낙담시킬 수 없습니다. 야곱이 에서에게 하는 말은 매우 단순하고도 자연스럽습니다. 하나님께 받아들여진 자들은 오직 하나님의 관점으로만 모든 것을 바라보기 시작합니다. 그 속에는 더 이상 두려움, 근심, 감정적 동요, 악의, 허물이 존재하지 않으며, 주님과의 연합 속으로 들어간 만큼 그분의 신성에 참여하게 됩니다. 야곱은 자신이 에서에게 주는 선물이 주님으로부터 온 것임을 밝힙니다. 주님이 모든 것을 주시는 분이기 때문입니다. 이처럼 아무것도 자기 것으로 주장하지 않고 오직 하나님께 돌리는 모습은 신적 진리 안에 선 사람의 특성이라 할 수 있습니다.

35장

1. 하나님이 야곱에게 이르시되 일어나 벧엘로 올라가서 거기 거주하며 네가 네 형 에서의 낯을 피하여 도망하던 때에 네게 나타났던 하나님께 거기서 제단을 쌓으라 하신지라
2. 야곱이 이에 자기 집안 사람과 자기와 함께한 모든 자에게 이르되 너희 중에 있는 이방 신상들을 버리고 자신을 정결하게 하고 너희들의 의복을 바꾸어 입으라

그간 수많은 노력으로 전투를 치른 영혼에게 하나님께서는 선하심을 나타내셨던 근원으로 돌아가 제단을 쌓을 것을 명하십니다. 영혼의 상위 기관(superior part)이 주님 안으로 받아들여지기 전에 먼저 피조물의 순결이 필요합니다. 모든 전통적 격식을 버리고, 야곱의 가족으로 표현되는 영혼의 하위 기관(inferior part)으로부터 모든 과실과 결점을 제거해야 합니다.

모든 것을 정결케 하고 의복을 바꾸어 입는 것은 혁신을 위해 반드시 필요한 과정입니다. 야곱은 지금까지 인도하시고 자신의 근원으로 이끄신 하나님께서 말씀하신 것 외에는 자신을 위한 다른 대책을 취하지 않습니다. 주님께서는 하위 기관의 이방 신상과 합당하지 않은 모든 것들을 버리라고 명령하십니다. 그 어떤 것도 하나님 안에서의 행복한 상실을 방해하지 않게 하려

는 것입니다.

우리는 여기서 야곱의 가정과 같이 거룩한 가정에도 우상들이 존재하였다는 점을 주목해 볼 필요가 있습니다. 어쩌면 종들 중에서 우상을 섬기는 자가 있었을지도 모르겠습니다. 거룩한 장소라도, 깨끗한 영혼일지라도 불순물이 섞여 있는 것이지요.

3. 우리가 일어나 벧엘로 올라가자 내 환난 날에 내게 응답하시며 내가 가는 길에서 나와 함께하신 하나님께 내가 거기서 제단을 쌓으려 하노라 하매
7. 그가 거기서 제단을 쌓고 그곳을 엘벧엘이라 불렀으니 이는 그의 형의 낯을 피할 때에 하나님이 거기서 그에게 나타나셨음이더라

야곱은 자신을 여기까지 인도하신 하나님의 선하심에 대해 더 깊이 깨닫게 됩니다. 이제 그는 영의 괴로움과 고통, 동요로부터 벗어나 참 십자가를 지고 가면서도 예수 그리스도와 함께 지기 때문에 그 속에서 오히려 평안을 누립니다.

야곱과 같은 영혼들은 주님께서 주신 모든 것들을 주님께 다시 올려 드립니다. 이것이 바로 주님께서 기뻐 받으시는 순전한 제물이 됩니다.

9. 야곱이 밧단아람에서 돌아오매 하나님이 다시 야곱에게 나타나사 그에게 복을 주시고
10. 하나님이 그에게 이르시되 네 이름이 야곱이지마는 네 이름을 다시는 야곱이라 부르지 않겠고 이스라엘이 네 이름이 되리라 하시고 그가 그의 이름을 이스라엘이라 부르시고

13. 하나님이 그와 말씀하시던 곳에서 그를 떠나 올라가시는지라

하나님께서는 다시 야곱을 축복하시고 그의 새 이름을 확증하십니다. 다음 단계로 나아가기 위해 영혼 안에 강한 확신이 생기기까지 이 같은 시간을 통과할 때가 있습니다. 덧없이 보일 수도 있는 정리의 기간을 거친 후에야 더 높은 곳에 올라서게 됩니다. 확증은 현저한 은혜와 함께 좀 더 있어야 나타납니다. 위 구절에서 주님은 야곱에게 확증해 주시며 이렇게 말씀하십니다. **"이스라엘이 네 이름이 되리라."**

하나님께서는 이렇게 말씀하시고 떠나 올라가시며 야곱의 눈에서 사라지십니다. 이 장면은 주님께서 피조물의 그릇을 하나님께 닿을 만큼 넓히기 위해 어떻게 자신을 낮춰 내려오시는지 보여 줍니다. 야곱은 이제 하나님께 들려 올려져 주님 안에서 자신을 잃어버립니다. 영의 눈으로도 주님이 보이지 않는 만큼 그분 안에서 자아를 상실하게 된 것입니다.

16. 그들이 벧엘에서 길을 떠나 에브랏에 이르기까지 얼마간 거리를 둔 곳에서 라헬이 해산하게 되어 심히 고생하여
18. 그가 죽게 되어 그의 혼이 떠나려 할 때에 아들의 이름을 베노니라 불렀으나 그의 아버지는 그를 베냐민이라 불렀더라
19. 라헬이 죽으매 에브랏 곧 베들레헴 길에 장사되었고

하나님 안에 확정된 영혼은 모든 본능적이고 영적인 느낌의 세계로부터 완전히 구별됩니다. 주님께서는 아무리 작은 것이라도 라헬과 같이 죽게 하십니다. 말씀에는 야곱이 라헬을 위해 울었다는 기록이 없습니다. 하나님의 뜻 안에 굳게 선 자는 상실 때문에 괴로워하지 않습니다. 이제 하나님 안에 거하는 복을 알게 되었기 때문입니다. 이 단계에 이르면 하나님께서 우리에게 오직 유익만을 주시고, 모든 것이 합력하여 결국 가장 큰 선을 이룬다는 것을 알게 됩니다. 자연적 본성으로 사랑하던 모든 것을 상실한 이 영혼에게는 이제 하나님 자신과 십자가만 남아 있습니다. 하지만 그에게 십자가는 더 이상 고통이 아닙니다. 그는 이제 십자가의 가치를 너무나도 잘 알게 되었고, 십자가를 전혀 무겁게 느끼지 않을 만큼 하나님 안에서 강건해졌습니다.

한편 여전히 십자가의 거친 열매에 비해 달콤하고 호감을 불러일으키는 라헬로부터 나온 생명에 대한 은밀한 사랑이 야곱 안에 남아 있습니다. 이들의 열매는 달콤한 조화로부터 겉으로 표출되는 아름다움을 담고 있습니다. 이에 비해 십자가로부터 나오는 열매는 처음에는 쓰지만 점점 달고 사랑스러워집니다. 그리고 그 열매의 결과는 예수 그리스도의 탄생입니다.

36장

6. 에서가 자기 아내들과 자기 자녀들과 자기 집의 모든 사람과 자기의 가축과 자기의 모든 짐승과 자기가 가나안 땅에서 모은 모든 재물을 이끌고 그의 동생 야곱을 떠나 다른 곳으로 갔으니

15. 에서 자손 중 족장은 이러하니라 에서의 장자 엘리바스의 자손으로는 데만 족장, 오말 족장, 스보 족장, 그나스 족장과

모든 것을 섭리하시는 주님의 지혜가 어찌나 놀라운지요! 진노의 자녀들은 하나님이 택하신 자녀들에게서 떠나갑니다. 육(肉)의 나라는 영(靈)의 세대를 멀리합니다. 행위의 삶은 관상적 삶으로부터 분리됩니다. 에서는 안식의 땅에서 평화롭게 거하도록 예정된 민족을 뒤로 하고 다른 곳으로 떠납니다.

에서는 한때 모든 사람들이 그에 관해 이야기할 정도로 이름을 날렸습니다. 그에 반해 이스라엘은 사람의 눈에 매우 초라했지만 하나님 앞에 큰 자였습니다. 이스라엘에게 남은 것은 무덤까지 함께할 십자가뿐이지만, 그 십자가야말로 예수 그리스도 안에서 승리케 하는 능력입니다.

37장

3. 요셉은 노년에 얻은 아들이므로 이스라엘이 여러 아들들보다 그를 더 사랑하므로 그를 위하여 채색옷을 지었더니
4. 그의 형들이 아버지가 형들보다 그를 더 사랑함을 보고 그를 미워하여 그에게 편안하게 말할 수 없었더라

우리는 요셉의 이야기를 통해 예정된 영혼들의 삶이 어떠한지 볼 수 있습니다. 성경에 기록되어 있는 요셉이 겪은 다양한 사건들은 선택된 영혼들이 완전한 부르심을 따라갈 때 통과해야 할 각 단계들을 놀랍게 묘사하고 있습니다. 그중 첫 단계라고 볼 수 있는 영적 유아기에 있는 영혼은 달콤함과 달램만을 받습니다. 이때에는 하나님께서 만사를 제쳐 두고 아름답게 입히시고, 모든 호의가 이 영혼에게 가는 것같이 보이기 때문에 종종 다른 사람들의 질투를 불러일으키곤 합니다. 하지만 이것 때문에 얼마나 큰 대가를 치르게 되는지요!

9. 요셉이 다시 꿈을 꾸고 그의 형들에게 말하여 이르되 내가 또 꿈을 꾼즉 해와 달과 열한 별이 내게 절하더이다 하니라

하나님께서는 꿈과 환상을 통해 요셉에게 미래에 있을 승진에 대해 알려주십니다. 하지만 단순하고 순진한 영혼은 이러한 계시를 영적 형들에게 말해 버립니다. 단순함과는 거리가 먼 형들은 요셉의 이야기를 듣고 이것이 성령님으로부터 온 것인지 모르고 그저 교만하고 헛된 공상 때문이라고 치부해 버립니다.

17. 그 사람이 이르되… 요셉이 그의 형들의 뒤를 따라 가서 도단에서 그들을 만나니라

18. 요셉이 그들에게 가까이 오기 전에 그들이 요셉을 멀리서 보고 죽이기를 꾀하여

19. 서로 이르되 꿈 꾸는 자가 오는도다

20. 자, 그를 죽여 한 구덩이에 던지고 우리가 말하기를 악한 짐승이 그를 잡아먹었다 하자 그의 꿈이 어떻게 되는지를 우리가 볼 것이니라 하는지라

질투하는 형제들 중에서 진리의 길에서 벗어난 자들은 그릇된 길로 행하기 시작합니다. 그들은 자신의 상상 속에만 존재하는 죄를 벌하는 척 하면서 무고한 생명을 죽이려 듭니다. 이 같은 거짓 열광자들은 내적인 통로를 소멸시키기 위해 가르치는 자들을 비난하고 이들에게 거짓 혐의를 덮어씌웁니다. 이것은 육체적 생명까지는 아니어도 영적 생명과 명성을 파괴시키게 됩니다.

21. 르우벤이 듣고 요셉을 그들의 손에서 구원하려 하여 이르되 우리가 그의 생명은 해치지 말자

22. 르우벤이 또 그들에게 이르되 피를 흘리지 말라 그를 광야 그 구덩이

에 던지고 손을 그에게 대지 말라 하니 이는 그가 요셉을 그들의 손에서 구출하여 그의 아버지에게로 돌려보내려 함이었더라

영적 유아기의 달콤함이 지나가기가 무섭게 낯선 십자가가 나타납니다. 때로는 우리도 극심한 핍박 가운데 노출될 때가 있습니다. 여기서 요셉은 마치 늑대 떼에 둘러싸인 한 마리의 어린 양과 같습니다. 하지만 하나님께서는 주께 모든 것을 맡긴 영혼들을 돌보시고, 돕는 손길을 보내사 이들을 대적의 손에서 건져주십니다.

23. 요셉이 형들에게 이르매 그의 형들이 요셉의 옷 곧 그가 입은 채색옷을 벗기고
24. 그를 잡아 구덩이에 던지니 그 구덩이는 빈 것이라 그 속에 물이 없었더라
26. 유다가 자기 형제에게 이르되 우리가 우리 동생을 죽이고 그의 피를 덮어둔들 무엇이 유익할까
27. 자 그를 이스마엘 사람들에게 팔고 그에게 우리 손을 대지 말자 그는 우리의 동생이요 우리의 혈육이니라 하매 그의 형제들이 청종하였더라

이 가엾은 어린 양은 벗김을 당합니다. 위대한 속사람을 향해 부름 받은 영혼들은 이렇게 벗겨지는 과정을 통과하게 됩니다. 그중 은사와 감각할 수 있는 은혜를 박탈당하는 첫 번째 벗겨짐의 기간에 요셉에게서 채색옷이 벗겨집니다. 이 같은 첫 번째 벗겨짐을 통해 박탈을 경험한 영혼은 이제 모든 것이 끝났고 죽을 수도 있다는 생각을 합니다. 하지만 이것은 하나님께서 대적들로 하여금 그렇게 하도록 허락하실 때에만 가능한 이야기입니다.

자기부인을 배운 영혼은 이때에 어떤 말이나 하소연도 하지 않고 벌어지는 일들을 그저 받아들이지만, 한편으로는 모든 방면으로 도움을 구합니다. 왕이자 선지자였던 다윗은 이와 같은 상황에 "내가 산을 향하여 눈을 들리라 나의 도움이 어디서 올까"라고 외친 후 진리를 선포합니다. "나의 도움은 천지를 지으신 여호와에게서로다!" 점점 다가오는 죽음의 세력으로부터 우리를 구원하실 이는 오직 유다의 사자이십니다. 나의 하나님, 오직 당신만이 나와 나의 사랑하는 이들을 구원하실 분입니다! 사망이 우리를 쏠지라도 주님은 우리가 죽음을 당하지 않게 하심을 내가 압니다. 매일 죽음의 가혹함 앞에서 핍박당하는 자들은 괴로움 속에서도 용기를 얻습니다. 생명처럼 여겼던 것들이 사망에 의해 벗겨나갈 것만 같은 순간에 자기 스스로 그것들을 벗습니다. 우리의 눈앞에 나타났다가 사라지는 것을 반복하는 죽음 앞에 사도 바울은 이같이 고백하였습니다. "우리 살아 있는 자가 항상 예수를 위하여 죽음에 넘겨지는도다."

28. 그때에 미디안 사람 상인들이 지나가고 있는지라 형들이 요셉을 구덩이에서 끌어올리고 은 이십에 그를 이스마엘 사람들에게 팔매 그 상인들이 요셉을 데리고 애굽으로 갔더라

자유자였던 요셉은 죽음의 위기를 모면할 수 있게 해준 자에게 팔려가며 종이 됩니다. 본래 하나님의 달콤하고 평화로운 사랑 안에 자유하던 자가 이제 종으로 팔려간 것입니다. 바로 죄에게 팔려가는 큰 변화를 겪은 것이지요! 요셉은 자신을 학대할 수도 있는 죄에게 팔려가도 죄에 종속되지는 않습니다. 죄에게 팔려가 종이 되는 것과 죄에 복종하는 것은 매우 다른 이야기입니다. "나는 육신에 속하여 죄 아래에 팔렸도다… 내 지체 속에 있는 죄의 법으로 나를 사로잡는 것을 보았도다"라고 한 사도 바울의 고백으로 이 둘은 매우 다르다는 것을 알 수 있습니다.

29. 르우벤이 돌아와 구덩이에 이르러 본즉 거기 요셉이 없는지라 옷을 찢고
30. 아우들에게로 되돌아와서 이르되 아이가 없도다 나는 어디로 갈까

어디를 가든 너무 자연적 성향으로 기울어 주님의 섭리를 방해하는 사람들이 있습니다. 르우벤은 나름대로 자비로운 마음으로 요셉을 구덩이에서 건져내고자 합니다. 바로 자기부인이라는 십자가, 곧 하나님께서 허락하신 상실로부터 건지려 했지만 주님께서 행하시는 일을 막을 자는 아무도 없습니다.

31. 그들이 요셉의 옷을 가져다가 숫염소를 죽여 그 옷을 피에 적시고
32. 그의 채색옷을 보내어 그의 아버지에게로 가지고 가서 이르기를 우리가 이것을 발견하였으니 아버지 아들의 옷인가 보소서 하매
33. 아버지가 그것을 알아보고 이르되 내 아들의 옷이라 악한 짐승이 그를 잡아먹었도다 요셉이 분명히 찢겼도다 하고

하나님의 섭리 안에서 은사와 감각할 수 있는 은혜의 옷을 벗긴 후 그들은 그 옷을 피에 적십니다. 모든 달콤함과 은혜는 무자비함에 묻혀 버립니다. 하지만 이런 무자비함은 피상적인 것일 뿐 실제가 아닙니다. 한 영혼에게 모든 것이 피와 살육으로 변하는 험한 십자가의 자리처럼 보이지만 그것은 겉으로 나타나는 모습일 뿐, 그 속에는 자기부인을 통한 평안이 자리하고 있습니다.

영적인 사람들은 한 영혼에게 외견상의 재앙이 닥쳤다는 소리를 듣고 그를 잃게 된 줄로 생각한 야곱처럼 이렇게 외칩니다. "이 가엾은 내적 영혼들이 속아서 악한 짐승에게 잡아먹혔구나." 닥친 상황을 쉽게 믿어버리는 성향은 거룩한 자들의 삶 속에서도 나타나곤 합니다. 그들은 비방을 들을 때 상황과 믿음을 섞어 요셉과 같이 단순한 영혼들이 마귀에게 속아 잡아먹혔다는 말을 믿습니다.

34. 자기 옷을 찢고 굵은베로 허리를 묶고 오래도록 그의 아들을 위하여 애통하니

36. 그 미디안 사람들은 그를 애굽에서 바로의 신하 친위대장 보디발에게 팔았더라

야곱은 요셉 때문에 괴로워하고 애통해하면서 하나님의 자비를 간절히 구합니다. 그렇게도 사랑하던 라헬이 죽었을 때는 울지 않던 사람이 요셉 때문에 매우 괴로워하고 있습니다. 하나님 안에서 라헬의 죽음은 필요한 것이었기 때문에 주님의 뜻만을 소원하던 야곱에게 그녀의 죽음은 아름다운 섭리였습니다. 하지만 거룩한 영혼이 마귀의 영향력 아래 짓밟힌 것 같은 재앙을 목도하자, 야곱은 잔인한 표면적 비극만을 볼 뿐, 실제로 요셉 안에 생명과 안식이 가득하게 된 사실은 깨닫지 못합니다.

요셉은 다시 한 번 팔려갑니다. 어쩌면 종살이와 십자가만 지는 삶만 살도록 태어난 자로 보일지도 모르겠습니다. 하지만 하나님께 자신을 부인한 영혼은 족쇄에 묶여서도 자유를 발견하고, 종처럼 보이는 그 순간에 가장 자유합니다.

39장

1. 요셉이 이끌려 애굽에 내려가매 바로의 신하 친위대장 애굽 사람 보디발이 그를 그리로 데려간 이스마엘 사람의 손에서 요셉을 사니라
2. 여호와께서 요셉과 함께하시므로 그가 형통한 자가 되어 그의 주인 애굽 사람의 집에 있으니

외적으로 요셉처럼 비천해진 자들에게 하나님은 오른손으로 함께하십니다. '여호와께서 요셉과 함께하시므로' 주님은 이처럼 자아를 부인한 영혼들을 결코 홀로 두지 않으십니다. 하나님의 특별한 돌보심을 받는 이들은 모든 자가 절망을 안겨 주는 것 같은 상황 속에서 하나님의 특별한 보호를 받습니다. 왕이자 선지자였던 다윗은 깊은 괴로움 속에서도 확실한 주님의 보호하심을 경험하고 이렇게 고백하였습니다. "여호와는 나의 빛이요 구원이시니 내가 누구를 두려워하리요?"

3. 그의 주인이 여호와께서 그와 함께하심을 보며 또 여호와께서 그의 범사에 형통하게 하심을 보았더라

주께서는 요셉이 수치 당하는 것을 허락하시면서도 다른 손으로 그를 붙드십니다. 그분이 던지는 화살 끝에는 향유가 발라져 있기에 맞더라도 고통인지 기쁨인지 분간할 수 없습니다. 고통으로 가득 찬 기쁨, 혹은 기쁨으로 가득 찬 고통이라고나 할까요.

6. 주인이 그의 소유를 다 요셉의 손에 위탁하고 자기가 먹는 음식 외에는 간섭하지 아니하였더라 요셉은 용모가 빼어나고 아름다웠더라
7. 그 후에 그의 주인의 아내가 요셉에게 눈짓하다가 동침하기를 청하니
8. 요셉이 거절하며 자기 주인의 아내에게 이르되 내 주인이 집안의 모든 소유를 간섭하지 아니하고 다 내 손에 위탁하였으니
9. 이 집에는 나보다 큰 이가 없으며 주인이 아무것도 내게 금하지 아니하였어도 금한 것은 당신뿐이니 당신은 그의 아내임이라 그런즉 내가 어찌 이 큰 악을 행하여 하나님께 죄를 지으리이까

주님, 더 큰 고통으로 치시다니 너무하십니다! 왜 상처 난 곳을 더 헤집으십니까? 차라리 죽여 주시지요! 다시 한 번 죽는 것을 보려고 살려 놓으신 것입니까? 감히 주님을 잔인하다 부르고 싶습니다. 하지만 주님을 모르는 자 외에 그 누가 당신을 원망하겠습니까? 더 이상 사랑의 달콤함 없이 가혹함만 주신다 하더라도 당신은 여전히 사랑스러운 분입니다.

12. 그 여인이 그의 옷을 잡고 이르되 나와 동침하자 그러나 요셉이 자기의 옷을 그 여인의 손에 버려두고 밖으로 나가매

여기 고통스러운 타격을 받는 요셉의 모습을 보십시오. 이제 요셉은 죄를 짓든지 망하든지 둘 중 하나를 선택해야 합니다. 보디발의 집에서 지낸 잠깐의 시간은 앞으로 닥칠 더 큰 타격을 위한 휴식 기간이었던 것 같습니다.

주님께서 행하시는 일이 어찌나 탁월한지요. 요셉은 비록 죄에 넘겨지지만 그 속에서도 승리합니다. 그에게 던져진 화살 끝에는 아프지만 유익한 약이 발라져 있었습니다. 잠깐의 상처는 남기지만 요셉을 죽이지는 않습니다. 닥친 재앙은 오직 탈출을 통해서만 피할 수 있는 것이었습니다. 요셉은 이 장면에서 죄의 껍데기가 아닌 실체를 피할 수 있었습니다.

13. 그 여인이 요셉이 그의 옷을 자기 손에 버려두고 도망하여 나감을 보고
14. 그 여인의 집 사람들을 불러서 그들에게 이르되 보라 주인이 히브리 사람을 우리에게 데려다가 우리를 희롱하게 하는도다 그가 나와 동침하고자 내게로 들어오므로 내가 크게 소리 질렀더니
15. 그가 나의 소리 질러 부름을 듣고 그의 옷을 내게 버려두고 도망하여 나갔느니라 하고

요셉은 결백하지만 누명을 써야 했습니다. 자신이 저지르지도 않은 죄로 인해 고소당하고 죄인으로 지목될 뿐 아니라 처벌까지 받습니다. 하나님께서는 많은 자들이 이런 과정을 통과하게 하십니다. 이 과정 가운데 외적 십자가와 내적 십자가가 연결되고, 이들의 죽음이 성장하여 완성됩니다. 결핍과 자포자기, 혼란이 주는 고통은 신비한 죽음을 완성시킵니다. 하지만 다른 이들의 삶을 인도하는 삶으로 부름 받지 않은 자들에게 십자가는 내적으로나 외적으로나 크고 무거울 뿐입니다.

19. 그의 주인이 자기 아내가 자기에게 이르기를 당신의 종이 내게 이같

이 행하였다 하는 말을 듣고 심히 노한지라

20. 이에 요셉의 주인이 그를 잡아 옥에 가두니 그 옥은 왕의 죄수를 가두는 곳이었더라 요셉이 옥에 갇혔으나

요셉의 고난은 여기서 끝나지 않습니다. 가장 큰 책임을 맡은 보디발은 비방을 믿을 수밖에 없었고, 요셉은 누명을 쓰고 몇 년을 감옥에서 보내게 됩니다. 요셉이여, 당신은 고결함을 잃지 않은 결백한 죄수로소이다. 무고한 죄수인 당신은 범죄한 왕 다윗보다 행복한 사람입니다. 이 두 삶의 대비 속에 스며 있는 하나님의 인도하심이 어찌나 놀라운지요. 모든 일은 하나님께서 기뻐하시는 때에 결국 이루어집니다. 어떤 이들은 결백하지만 유죄 선고를 받고, 어떤 이들은 지은 죄로 인해 형벌을 받습니다. 요셉은 결백한 만큼 종이 됩니다. 이에 반해 다윗은 죄를 범하여 벌을 받는 괴로운 상황 속에서도 계속 왕 노릇합니다.

21. 여호와께서 요셉과 함께하시고 그에게 인자를 더하사 간수장에게 은혜를 받게 하시매

22. 간수장이 옥중 죄수를 다 요셉의 손에 맡기므로 그 제반 사무를 요셉이 처리하고

23. 간수장은 그의 손에 맡긴 것을 무엇이든지 살펴보지 아니하였으니 이는 여호와께서 요셉과 함께하심이라 여호와께서 그를 범사에 형통하게 하셨더라

가장 큰 고통과 감각할 수 있는 달콤함이 섞이는 곳에 하나님의 선하심이 나타납니다. 주님께서 요셉을 버리지 않으시고, 요셉 역시 주님의 도우심과 임재를 확신하는 상황 속에서 가장 큰 가혹함도 달콤하게 바뀝니다. 하지만 주님께서 자신을 드러내지 않으시면 우리는 모든 고통을 위로해 주는 달콤한 주님의 임재를 잃게 되어 매우 큰 슬픔을 겪게 됩니다.

순결한 영혼은 온 세상을 다스릴지언정 결코 세상의 지배를 받지 않습니다. 요셉은 사슬에 매여 있는 죄수 신세지만, 그 속에서도 다른 죄수들을 다스리는 자가 됩니다. 예수 그리스도의 신실한 종들은 이처럼 고통 가운데서도 다른 이들에게 도움을 줍니다. 자기 자신은 가장 큰 고통 속에 있을지라도 다른 이들의 길을 인도합니다. 때로 우리 역시 진리 안에 걷는다면 나 자신의 삶에 대한 확신은 없을지라도 타인의 삶에 대한 완전한 확신을 가질 수 있습니다.

40장

5. 옥에 갇힌 애굽 왕의 술 맡은 자와 떡 굽는 자 두 사람이 하룻밤에 꿈을 꾸니 각기 그 내용이 다르더라
8. 그들이 그에게 이르되 우리가 꿈을 꾸었으나 이를 해석할 자가 없도다 요셉이 그들에게 이르되 해석은 하나님께 있지 아니하니이까 청하건대 내게 이르소서

하나님의 섭리에 완전히 자신을 내어 맡긴 자들을 위해 주님께서는 죄인들에게 비상한 빛을 보이십니다. 그리고 그 빛을 본 자들이 하나님의 택하신 자들에게 나아오게 하사 죄의 속박되어 있던 삶을 떠나 새 길로 인도함 받게 하십니다. 여기서 요셉의 답변은 참으로 주님께 자신을 완전히 내어 맡긴 자의 정직한 답변이라 볼 수 있습니다. 그는 아무것도 자신의 것으로 여기지 않고 모든 주권을 주님께 돌립니다. 바로 이러한 태도가 우리로 하여금 거룩한 담대함과 모든 것에 대한 확신을 갖게 합니다. 신적 능력에 기대는 요셉의 이와 같은 모습은 이스라엘에게 물려받은 것입니다. 이에 반해 미성숙한 영혼들은 이 같은 상황 속에서 교만과 경솔함으로 모든 것을 자기 자신에게 돌립니다.

12. 요셉이 그에게 이르되 그 해석이 이러하니 세 가지는 사흘이라

13. 지금부터 사흘 안에 바로가 당신의 머리를 들고 당신의 전직을 회복 시키리니 당신이 그 전에 술 맡은 자가 되었을 때에 하던 것같이 바로의 잔을 그의 손에 드리게 되리이다

14. 당신이 잘되시거든 나를 생각하고 내게 은혜를 베풀어서 내 사정을 바로에게 아뢰어 이 집에서 나를 건져 주소서

18. 요셉이 대답하여 이르되 그 해석은 이러하니 세 광주리는 사흘이라

19. 지금부터 사흘 안에 바로가 당신의 머리를 들고 당신을 나무에 달리니 새들이 당신의 고기를 뜯어 먹으리이다

같은 하나님의 말씀이라도 때로는 생명의 말씀이 되고 때로는 죽음의 말씀이 되어 어떤 자들에게는 죄의 결박에서 끌어내어 자유를 주지만, 어떤 자들에게는 자신의 악행으로 인한 죽음을 가져옵니다. 떡 굽는 자를 죽게 한 것은 자신이 범한 죄이지 요셉의 말이 아니었습니다. 요셉은 단지 그의 죽음이 가까웠다는 것을 경고했을 따름입니다. 그럼에도 불구하고 떡 굽는 자는 피할 길에 대한 인도를 구하지 않습니다. 우리는 주님의 은혜에 의지하여 회개함으로써 죄에서 놓임을 받을 수 있습니다. 하지만 생명은 오직 하나님으로부터 말미암습니다. 요셉은 술 맡은 자가 다시 바로의 호의를 입게 될 때 자신을 기억해 달라고 부탁합니다. 술 맡은 자는 요셉을 통해 하나님의 말씀을 들었지만 나가서 이를 잊어버리고 맙니다. 하나님의 말씀은 씨앗과 같이 땅속에 감추어져 있지만, 때가 되면 열매를 맺기 마련입니다.

21. 바로의 술 맡은 관원장은 전직을 회복하매 그가 잔을 바로의 손에 받들어 드렸고

22. 떡 굽는 관원장은 매달리니 요셉이 그들에게 해석함과 같이 되었으나

23. 술 맡은 관원장이 요셉을 기억하지 못하고 그를 잊었더라

하나님께서는 주의 종들의 입에 두신 말씀을 지키심으로써 당신의 신실하심을 나타내십니다. 때로는 더디게 나타나는 것같이 보일 수도 있지만, 그 말씀은 언제나 현실로 나타나게 됩니다. 하나님의 말씀을 들었던 술 맡은 자는 다시 형통하게 되어 자신에게 계시를 전해 준 요셉을 잊었다가도 하나님의 섭리가 역사하자 다시 그를 기억합니다. 하나님께서는 주의 종들이 받는 호의를 극대화시키기 위해 때로 술 맡은 자와 같은 망각을 허락하시기도 합니다. 이때 주의 종들이 고난 받는 기간이 연장되는 것같이 보일지라도, 그 속에서 이들의 믿음은 더욱 깊어지고 자신의 자아를 완전히 벗을 수 있게 됩니다.

41장

1. 만 이 년 후에 바로가 꿈을 꾼즉 자기가 나일 강가에 서 있는데
9. 술 맡은 관원장이 바로에게 말하여 이르되 내가 오늘 내 죄를 기억하나이다
10. 바로께서 종들에게 노하사 나와 떡 굽는 관원장을 친위대장의 집에 가두셨을 때에
11. 나와 그가 하룻밤에 꿈을 꾼즉 각기 뜻이 있는 꿈이라
12. 그곳에 히브리 청년이 우리와 함께 있기로 우리가 그에게 말하매 그가 우리의 꿈을 풀되 그 꿈대로 각 사람에게 해석하더니
13. 그 해석한 대로 되어 나는 복직되고 그는 매달렸나이다

깨어나 하나님을 기억하는 사건을 통해 한 영혼이 속박과 죽음의 그림자의 감옥에서 나오게 됩니다. 가난과 결핍에서 벗어날 수 있을 것만 같았던 소망이 보이고 2년간 요셉은 망각된 존재로 살아가게 됩니다. 더 이상 어떤 소망도 남아 있지 않게 되고, 죽은 사람처럼 뇌리에서 잊혀진 자로 존재합니다. 자신을 부인하지 않고는 참을 수 없는 상황이지만, 오직 하나님의 뜻 안에서 자신을 바라봄으로써 자족하며 살아갑니다. 하지만 이제는 감옥을 나갈 수 있을 거라는 희망은 포기했을지도 모르지요.

14. 이에 바로가 사람을 보내어 요셉을 부르매 그들이 급히 그를 옥에서 내놓은지라 요셉이 곧 수염을 깎고 그의 옷을 갈아입고 바로에게 들어가니

죽음의 망각 속에 갇혀 있던 요셉은 감옥이 열리는 것과 죽음의 모습이 자신에게서 벗겨져 나가는 것을 보고 매우 놀랐을 것입니다. 그는 이제 노예의 옷을 벗고 생명과 자유의 옷을 입게 됩니다. 어둡고 음침한 곳에서 참 빛이 비추는 아침으로 나오기까지 자는지 깬 건지, 꿈꾸는지 현실인지를 알지 못합니다. 감옥에서 나오자 요셉은 점차 진실을 깨닫게 되고, 바로 왕 앞에 설 때 더욱 명확히 알게 됩니다. 이때 영혼의 생명은 아직 완전히 소생된 단계에 다다랐다고는 할 수 없습니다. 마치 하나님의 아들이 말씀을 통해 나사로를 무덤에서 일어나게 하셨듯이 주님께서는 잊혀짐의 땅에 숨겨져 있던 말씀을 사용하여 죽음과 영원한 망각에서 요셉을 끌어내십니다.

15. 바로가 요셉에게 이르되 내가 한 꿈을 꾸었으나 그것을 해석하는 자가 없더니 들은즉 너는 꿈을 들으면 능히 푼다 하더라
16. 요셉이 바로에게 대답하여 이르되 내가 아니라 하나님께서 바로에게 편안한 대답을 하시리이다

애굽 땅에는 바로의 꿈을 해석할 수 있는 자가 없었습니다. 하나님의 마음에서 나온 것은 오직 성령님만이 아시기 때문입니다. 요셉의 대답에서 무언가 되고자 하는 모든 열망이 소멸되어 더 이상 스스로를 높이지 않는 자기 부인의 모습을 엿볼 수 있습니다. 자신은 나약한 주님의 도구일 뿐, 오직 하나님만이 모든 일을 충분히 하실 수 있는 분이라는 사실을 정직하게 고백합니다. 하나님께서는 우리가 없이도 모든 일을 하실 수 있는 분입니다. 하지만 주께서 우리를 사용하신다면, 모든 영광은 마땅히 그분께 돌려야 합니다. 따라서 주님께서는 우리가 모든 영광을 하나님께 돌릴 수 있도록 그분 없이는 아무것도 할 수 없는 길로 인도하십니다.

17. 바로가 요셉에게 이르되 내가 꿈에 나일 강가에 서서

18. 보니 살지고 아름다운 일곱 암소가 나일 강가에 올라와 갈밭에서 뜯어먹고

이 장면에 나오는 강가는 영혼을 가장 아름답고 완벽하게 살찌우는 세례, 혹은 참회의 물을 상징합니다. 일곱 암소가 상징하는 칠 년은 한 영혼이 덕을 쌓는 기간을 의미합니다. 그 기간을 통과한 영혼은 너무도 아름다워 그 속에 흠이 전혀 없습니다. 하나님께서는 이들에게 큰 은혜를 베푸사 가장 풍성한 초장으로 인도하여 강하고, 기름지고, 아름답고, 사랑스러운 모습이 되게 하십니다.

19. 그 뒤에 또 약하고 심히 흉하고 파리한 일곱 암소가 올라오니 그같이 흉한 것들은 애굽 땅에서 내가 아직 보지 못한 것이라

20. 그 파리하고 흉한 소가 처음의 일곱 살진 소를 먹었으며

순전한 물로 소생하는 사랑스럽고 아름다운 시간이 지나자 닥쳐오는 흉년이 앞에 있던 기간을 먹어 버립니다. 하지만 기근의 정도가 너무도 심하여 이전에 예비해 둔 것이 없었다면 기아와 사망이 땅을 휩쓸었을 것입니다. 말씀을 자세히 보면 파리하고 흉한 소가 살진 소를 죽였다고 하지 않고 먹어 버렸다고 기록합니다. 이것은 인색함이 팽배하여 겉으로 보기에는 아무것도 없는 것처럼 보이는 때라도 그 속에 여전히 은혜와 덕이 담겨 있음을 말해 줍니다. 마치 살진 소가 파리한 소 안에 들어 있으면서 겉으로는 보이지 않았던 것처럼 말입니다.

21. 먹었으나 먹은 듯하지 아니하고 여전히 흉하더라 내가 곧 깨었다가

살진 소를 삼킴 다음에도 여전히 파리한 소의 섬뜩할 정도로 흉한 모습에는 변함이 없습니다. 바로 이것은 신적인 계시를 받지 못한 사람들에게는 감추어져 있으나 어린아이와 같은 자들에게는 열린 신비와도 같아서 자기가 꾸고도 깨닫지 못합니다. 겉으로 흉하고 불완전해 보이는 7년의 기간 동안 왕의 딸의 아름다움은 숨겨져 있습니다. 사방으로 결핍만 보일 뿐 어디를 둘러봐도 은혜를 찾을 수가 없습니다. 하지만 그 이면에는 전례 없던 풍요함이 존재합니다. 단지 눈앞에 나타나기 전까지 삐쩍 마른 뱃속에 감추어져 있을 뿐입니다. 지난날의 아름다움에 비해 너무 흉한 모습을 보고 세상을 상징하는 바로는 이렇게 묘사합니다. "그같이 흉한 것들은 애굽 땅에서 내가 아직 보지 못한 것이라."

25. 요셉이 바로에게 아뢰되 바로의 꿈은 하나라 하나님이 그가 하실 일을 바로에게 보이심이니이다

26. 일곱 좋은 암소는 일곱 해요 일곱 좋은 이삭도 일곱 해니 그 꿈은 하나라

27. 그 후에 올라온 파리하고 흉한 일곱 소는 칠 년이요 동풍에 말라 속이 빈 일곱 이삭도 일곱 해 흉년이니

30. 후에 일곱 해 흉년이 들므로 애굽 땅에 있던 풍년을 다 잊어버리게 되고 이 땅이 그 기근으로 망하리니

은혜 안에 있는 영혼은 하나님께로부터 온 것이 무엇인지를 경험으로 압니다. 요셉은 바로가 꾼 꿈이 하나님으로부터 온 것임을 확인시켜 줍니다. 풍년의 때에 있는 사람은 기근의 결핍에 대해 전혀 생각하지 못하고, 시험을 통과하는 자는 이전에 자신이 소유했던 모든 좋은 것들을 망각하기 마련입니다. '전에 가지고 있던 것들이 모두 한낱 꿈에 불과했던가, 과연 내가 하나님께 속한 자였나' 하고 느낄 만큼 하나님께서는 지나간 외적 자취를 지워 버리십니다. 하지만 이때야말로 어느 때보다도 깊이 하나님께 속하게 되는 기간입니다. 어떤 사람들은 이 기간을 통과하며 의심하지만, 요셉은 이 과정을 통과하면서 신비를 깨닫는 빛을 갖게 됩니다.

기근이 온 땅을 삼켜버려 모든 것이 없어지고, 풍요함을 파괴시키는 결핍의 상황 속에서 완전한 상실의 과정 없이는 이러한 신비를 깨달을 수 없습니다. 우리는 소유의 크기만큼이나 거대한 상실이 있으리라는 것을 기억해야 합니다. 아름답고 사랑스러운 모습은 흉하고 볼품없는 모습이 되고, 사람들의 칭찬은 멸시와 천대로 바뀔 수 있습니다. 주여, 우리가 근본으로 돌아가기 위해 주로부터 받은 모든 선물을 잃어버립니다. 우리에게 은혜를 베푸사 빗나간 죄로부터 돌이켜 근본으로 돌아가게 하신 주님, 당신은 주신 것을 다시 취하사 주님 안에 내 마음을 잃어버리게 하시는 분입니다. 은사는 죄를 쫓아내어 은혜로 우리의 영을 채우지만, 당신은 우리에게 주신 은사를 비워내사 당신 자신으로 채우십니다. 심히 깊은 진리로다!

33. 이제 바로께서는 명철하고 지혜 있는 사람을 택하여 애굽 땅을 다스

리게 하시고
34. 바로께서는 또 이같이 행하사 나라 안에 감독관들을 두어 그 일곱 해 풍년에 애굽 땅의 오분의 일을 거두되

계시를 통해 다가올 일을 깨닫게 된 요셉은 은혜의 풍년의 소득을 거둘 것을 바로에게 조언합니다. 흉년으로 인한 상실은 실로 클지라도 잃어버린 모든 것들은 주님 안에서 다시 찾게 됩니다. 상실된 모든 것들은 그분의 창고에 보존되어 있기 때문입니다. 이처럼 모든 것을 믿고 맡길 만한 능숙하고 경험이 많은 지도자를 선택하는 일은 매우 중요합니다.

37. 바로와 그의 모든 신하가 이 일을 좋게 여긴지라
38. 바로가 그의 신하들에게 이르되 이와 같이 하나님의 영에 감동된 사람을 우리가 어찌 찾을 수 있으리요 하고
39. 요셉에게 이르되 하나님이 이 모든 것을 네게 보이셨으니 너와 같이 명철하고 지혜 있는 자가 없도다

바로의 선택에서 보듯, 우리는 하나님의 영으로 가득한 사람을 지도자로 선택해야 합니다. 냉소적인 사람들에게는 득이 되는 조언일지라도 유익이 되지 못합니다. 이에 반해 바로는 요셉의 조언을 중요하게 받아들이고 요셉의 말대로 모든 일이 이루어지게 합니다.

41. 바로가 또 요셉에게 이르되 내가 너를 애굽 온 땅의 총리가 되게 하노라 하고
42. 자기의 인장 반지를 빼어 요셉의 손에 끼우고 그에게 세마포 옷을 입

히고 금 사슬을 목에 걸고

바로가 요셉에게 준 권력은 지휘권입니다. 요셉은 고난 이후 부활의 영광 안에 굳게 서게 된 것입니다. 이제 그는 자유뿐 아니라 노예로 팔려가기 전에 아버지의 집에서 누렸던 것보다 더 큰 축복을 누리게 됩니다. 하나님께서는 요셉이 환난 당하기 전에 소유했던 모든 은혜와 복을 회복시키실 뿐 아니라 감히 소망하지도 못할 축복을 넘치게 더하셨습니다.

43. **자기에게 있는 버금 수레에 그를 태우매 무리가 그의 앞에서 소리 지르기를 엎드리라 하더라 바로가 그에게 애굽 전국을 총리로 다스리게 하였더라**

2년 전 감옥에서 생을 마감할 것만 같았던 어둠의 시간에 누가 요셉이 애굽의 총독이 되리라 상상이나 했겠습니까? 어둠과 죽음의 그림자에 덮인 채 버려져 있던 영혼에게 이같이 위대한 일이 일어날 줄 누가 알았겠습니까? 당시만 해도 믿을 수 없을 일이었지만, 이제는 완전한 실재가 되었습니다.

45. **그가 요셉의 이름을 사브낫바네아라 하고 또 온의 제사장 보디베라의 딸 아스낫을 그에게 주어 아내로 삼게 하니라 요셉이 나가 애굽 온 땅을 순찰하니라**

완전히 소생된 영혼의 모습을 보십시오! 이제 그는 부활의 능력 안에 굳게 서 있으며, 그 속에 은혜가 머물러 있습니다. 순전한 근원에 다다른 그에게 선조들처럼 새 이름이 주어집니다. '내가 이제 요셉이라 부르지 아니하리니, 이스라엘의 구원자가 네 이름이 되리라.' 부활의 영광 후 영혼이 자신의 근원에 다다르게 되면 새 이름을 받게 됩니다. 이것은 완전한 갱생이 이루어졌음을 보여 주는 것으로, 이제 어린 양의 혼인 잔치가 성사되는 것입니다.

46. 요셉이 애굽 왕 바로 앞에 설 때에 삼십 세라 그가 바로 앞을 떠나 애굽 온 땅을 순찰하니

50. 흉년이 들기 전에 요셉에게 두 아들이 나되 곧 온의 제사장 보디베라의 딸 아스낫이 그에게서 낳은지라

51. 요셉이 그의 장남의 이름을 므낫세라 하였으니 하나님이 내게 내 모든 고난과 내 아버지의 온 집 일을 잊어버리게 하셨다 함이요

우리의 힘이 아닌 하나님의 명을 따라 나아가기 시작할 때 비로소 사도적 삶이 시작됩니다. 요셉은 갱생이 완성된 후에야 애굽 온 땅을 순찰합니다. 이처럼 우리는 일하기 전에 갱생의 과정을 통과해야 합니다. 예수 그리스도께서도 공생애를 시작하시기 전에 삼십 년이라는 세월 동안 드러나지 않는 삶을 사시다가 광야에서의 시험을 거친 후에야 사역을 시작하셨습니다. 이 과정을 통과하는 자들에게는 과거 믿음의 선조들의 삶 속에 역사하던 신적 진리가 역사합니다.

갱생의 과정 중 우리는 자녀를 보게 됩니다. 과거 고난을 당할 때 받은 모든 은혜를 잊었다면, 이제 요셉은 과거의 고난을 잊게 됩니다.

52. 차남의 이름을 에브라임이라 하였으니 하나님이 나를 내가 수고한 땅에서 번성하게 하셨다 함이었더라

내적인 삶에 익숙해진 요셉은 곤궁 속에서 이 모든 복이 왔음을 인정합니다. 이제 땅속에 숨겨져 있던 씨앗이 썩어져 싹이 나고 수많은 열매를 맺게 된 것입니다.

42장

21. 그들이 서로 말하되 우리가 아우의 일로 말미암아 범죄하였도다 그가 우리에게 애걸할 때에 그 마음의 괴로움을 보고도 듣지 아니하였으므로 이 괴로움이 우리에게 임하도다
22. 르우벤이 그들에게 대답하여 이르되 내가 너희에게 그 아이에 대하여 죄를 짓지 말라고 하지 아니하였더냐 그래도 너희가 듣지 아니하였느니라 그러므로 그의 핏값을 치르게 되었도다 하니

악한 자들은 선한 자들을 핍박한 대가로 인한 형벌을 두려워하여 진정한 자기 자신으로 돌아가기 시작합니다.

23. 그들 사이에 통역을 세웠으므로 그들은 요셉이 듣는 줄을 알지 못하였더라
24. 요셉이 그들을 떠나가서 울고 다시 돌아와서 그들과 말하다가 그들 중에서 시므온을 끌어내어 그들의 눈앞에서 결박하고

이처럼 선하신 하나님의 심정이 어찌나 아름다운지요. 요셉은 자신을 핍박하던 형제들이 당하는 작은 고통에도 마음 아파합니다.

43장

8. 유다가 그의 아버지 이스라엘에게 이르되 저 아이를 나와 함께 보내시면 우리가 곧 가리니 그러면 우리와 아버지와 우리 어린아이들이 다 살고 죽지 아니하리이다
9. 내가 그를 위하여 담보가 되오리니 아버지께서 내 손에서 그를 찾으소서 내가 만일 그를 아버지께 데려다가 아버지 앞에 두지 아니하면 내가 영원히 죄를 지리이다

르우벤이 베냐민을 데려갈 수 있게 해 달라고 청할 때 야곱은 듣지 않습니다. 그는 사람의 행실을 믿지 않기 때문입니다. 하지만 주님께서 하나님의 아들의 조상으로 택하신 유다의 입을 통해 말씀하시자 야곱은 모든 것을 섭리하심에 맡기면서 베냐민을 내어 줍니다. 하지만 사람의 자녀들은 야곱과 달리 맹목적으로 변호사, 의사, 친구 등 다른 사람을 신뢰하곤 합니다. 그들은 완전히 하나님만 믿고 있다가는 큰코다칠 수 있다고 생각합니다.

32. 그들이 요셉에게 따로 차리고 그 형제들에게 따로 차리고 그와 함께 먹는 애굽 사람에게도 따로 차리니 애굽 사람은 히브리 사람과 같이 먹으면 부정을 입음이었더라

하나님의 영으로 가득 찬 자는 괜히 하찮은 것 때문에 사람들이 시험 들지 않도록 배려하는 마음을 가지고 있습니다. 요셉은 애굽 사람들에게 불쾌감을 주지 않으면서도 형제들을 만족스럽게 대접하기 위해 같은 장소 안에 상을 따로 차리게 합니다. 이로써 형제들과 애굽 사람 모두를 존중하면서 하나님의 뜻 안으로 나아갑니다. 하지만 이 안에 또 다른 신비가 들어 있습니다. 요셉과 형제들의 내적 상태는 함께 앉기에는 너무나도 달랐습니다. 요셉은 형제들의 음식을 따로 차리게 함으로 자신이 가진 은혜와 영 안에 있는 열정에 이들을 참여시킵니다. 그리고 한 영과 피로 연합된 베냐민에게는 최고의 것을 주지요.

44장

18. 유다가 요셉에게 가까이 가서 이르되… 주의 종에게 노하지 마소서
주는 바로와 같으심이니이다
32. 주의 종이 내 아버지에게 아이를 담보하기를 내가 이를 아버지께로
데리고 돌아오지 아니하면 영영히 아버지께 죄짐을 지리이다 하였사
오니
34. 그 아이가 나와 함께 가지 아니하면 내가 어찌 내 아버지에게로 올라
갈 수 있으리이까 두렵건대 재해가 내 아버지에게 미침을 보리이다

자기 동생을 위해 자신을 담보 삼는 유다의 용기는 장차 오셔서 모든 사람을 위하여 자신을 내어 주실 이의 모습을 보여 줍니다. 한 사람을 위해 자신을 내어 놓는 유다는 바로 모든 사람의 대속물이 되실 분의 형상이었던 것입니다. 아이와 함께 가지 않으면 아버지께 올라갈 수 없다고 말하는 유다는 사랑하는 자를 갇힌 데서 구원해 내시기 전에는 아버지께로 올라갈 수 없다고 하신 유다 지파의 그리스도를 정확하게 나타낸다고 할 수 있습니다.

45장

4. 요셉이 형들에게 이르되 내게로 가까이 오소서 그들이 가까이 가니 이르되 나는 당신들의 아우 요셉이니 당신들이 애굽에 판 자라
5. 당신들이 나를 이곳에 팔았다고 해서 근심하지 마소서 한탄하지 마소서 하나님이 생명을 구원하시려고 나를 당신들보다 먼저 보내셨나이다

이 단계에 이른 영혼은 자신을 핍박한 자들을 원망하는 대신 하나님의 섭리하심을 바라보고 주님께 모든 것을 돌립니다. 요셉은 그중에서도 가장 신실하게 행한 자라고 할 수 있습니다. 바로 이런 태도야말로 우리로 하여금 원수를 내 친구만큼이나 사랑하고, 내게 행해지는 악에 집중하기보다 이로 인해 맺히는 선한 열매를 볼 수 있게 합니다. 이처럼 생명력 있는 믿음으로 가득 찬 자들에게는 원수를 사랑하라는 예수님의 명령이 매우 쉽습니다. 하나님의 사랑을 맛보아 아는 자들은 명령을 듣지 않아도 그렇게 할 수밖에 없는 것이죠.

8. 그런즉 나를 이리로 보낸 이는 당신들이 아니요 하나님이시라 하나님이 나를 바로에게 아버지로 삼으시고 그 온 집의 주로 삼으시며 애굽

온 땅의 통치자로 삼으셨나이다

요셉은 지난날 고난의 원인이 형제들 때문이 아니요, 영원을 계획하시는 하나님의 뜻이었다고 말합니다. 이루 다 헤아릴 수 없는 주님의 계획 안에서 택하신 자들을 겸손케 하심은 오직 다시 높이기 위함입니다. 요셉이 이전에 꿨던 꿈은 이제 눈앞에 이루어져 있습니다.

13. 당신들은 내가 애굽에서 누리는 영화와 당신들이 본 모든 것을 다 내 아버지께 아뢰고 속히 모시고 내려오소서 하며

이것은 과시가 아닙니다. 요셉이 이처럼 말한 것은 자신의 아버지가 이미 신비적 삶의 비밀에 익숙한 사람이라는 것을 알았기 때문입니다. 그런 후에 요셉은 형제들을 통해 보내는 선물로 자신의 존재를 야곱에게 확신시킵니다.

23. 그가 또 이와 같이 그 아버지에게 보내되 수나귀 열 필에 애굽의 아름다운 물품을 실리고 암나귀 열 필에는 아버지에게 길에서 드릴 곡식과 떡과 양식을 실리고

24장 10절에서 보았던 말씀과 같이 애굽의 아름다운 물품을 실리운 나귀 열 필은 십계명을 상징합니다. 이는 오직 성숙한 속사람을 가진 사람만이 알 수 있는 하나님의 놀라우신 섭리하심이지요.

24. 이에 형들을 돌려보내며 그들에게 이르되 당신들은 길에서 다투지

말라 하였더라

자비로부터 우러나오는 이러한 권고는 모두에게 필요합니다. 이웃과의 연합과 하나님을 향한 신뢰를 통해서만 긴 여정 동안 발생할 수 있는 권태감과 낙심을 막고, 오히려 이 과정을 기쁘게 통과할 수 있게 해줍니다.

26. **알리어 이르되 요셉이 지금까지 살아 있어 애굽 땅 총리가 되었더이다 야곱이 그들의 말을 믿지 못하여 어리둥절하더니**

비록 야곱이 신비주의적 삶을 경험하고 그 과정 가운데 낮추셨다가 다시 높이시는 하나님에 대해 잘 알고 있었을지라도, 이번 소식을 듣고는 매우 어리둥절해합니다. 실제로 하나님께서 우리를 이끄시는 놀라운 과정에 대해 미리 배웠다 해도 막상 내게 그런 일이 벌어지면 놀라움과 불신의 반응이 먼저 일어나기 마련이지요.

27. **그들이 또… 야곱은 요셉이 자기를 태우려고 보낸 수레를 보고서야 기운이 소생한지라**
28. **이스라엘이 이르되 족하도다 내 아들 요셉이 지금까지 살아 있으니 내가 죽기 전에 가서 그를 보리라 하니라**

열매를 보면 더 이상 의심하지 않고 이렇게 고백합니다. “주 안에 살고 있다는 그것으로 족하도다.”

46장

3. **하나님이 이르시되 나는 전능자(하나님이)라 네 아버지의 하나님이니 애굽으로 내려가기를 두려워하지 말라 내가 거기서 너로 큰 민족을 이루게 하리라**

갑작스런 일 앞에 야곱이 머뭇거리자 하나님께서 나타나셔서 그의 마음에 주의 전능하심을 다시 일깨우시고, 이 모든 것이 하나님의 놀라우신 섭리였음을 말씀하십니다. 자신을 향해 들린 제단의 칼에서 구원 받은 야곱의 **아버지의 하나님**께서 이제 야곱에게 애굽으로 내려가라 명하십니다.

나는 전능자(하나님) 네 아버지의 하나님이라. 자기를 부인한 영혼들을 향한 하나님의 성실하심이 나타나는 이 구절을 다시 한 번 보십시오. 그 누가 '전능자 네 하나님이라' 라는 말씀을 듣고도 자기를 부인하고 내어 드리기를 두려워하겠습니까? 전능자가 나의 하나님이라면 가장 큰 절망을 지날지라도 모든 것이 안전할 수밖에 없지 않겠습니까?

4. **내가 너와 함께 애굽으로 내려가겠고 반드시 너를 인도하여 다시 올라올 것이며 요셉이 그의 손으로 네 눈을 감기리라 하셨더라**

이것은 야곱 한 사람만을 위한 약속이 아닙니다. 자기를 부인하고 오직 하나님을 향한 사랑 때문에 애굽으로 내려가는 것도 불사하는 모든 자들을 향한 약속입니다. 그들은 하나님의 뜻에 따라 안전한 장소를 떠나 분쟁과 타락의 땅으로 가는 자들입니다. 야곱을 애굽에서 인도하여 다시 올라오게 하시리라는 말씀과 요셉의 손이 야곱의 눈을 감기리라는 말씀은 이것이 야곱 개인뿐 아니라 참된 이스라엘의 자녀들에게 주시는 약속임을 보여 줍니다. 하나님께서는 자신을 부인한 영혼들을 시험과 유혹이 있는 애굽 땅으로 보내셨다가도 반드시 다시 안식의 땅으로 인도하십니다.

29. **요셉이 그의 수레를 갖추고 고센으로 올라가서 그의 아버지 이스라엘을 맞으며 그에게 보이고 그의 목을 어긋맞춰 안고 얼마 동안 울매**

하나님께서 요셉을 그의 아버지, 즉 요셉의 근원으로 회복시키지 않으셨다면 그것은 완전한 부활의 영광이라고 할 수 없었을 것입니다. 이처럼 부활의 영광이 올 때 우리는 근원 되신 하나님과 연합되고, 주님께로부터 처음 받았던 순결함을 소유하게 됩니다.

48장

14. 이스라엘이 오른손을 펴서 차남 에브라임의 머리에 얹고 왼손을 펴
서 므낫세의 머리에 얹으니 므낫세는 장자라도 팔을 엇바꾸어 얹었
더라
17. 요셉이 그 아버지가 오른손을 에브라임의 머리에 얹은 것을 보고 기
뻐하지 아니하여 아버지의 손을 들어 에브라임의 머리에서 므낫세의
머리로 옮기고자 하여
18. 그의 아버지에게 이르되 아버지여 그리 마옵소서 이는 장자이니 오
른손을 그의 머리에 얹으소서 하였으나

팔을 엇바꾸어 얹는 야곱의 행동 뒤에는 신비가 숨겨져 있습니다. 그것은 바로 더 어린 자에게 장자권을 주는 것입니다. 우리는 하나님께 가까이 갈수록 더 어린아이처럼 되어야 합니다. 사람 앞에서 큰 자일수록 하나님 앞에서는 작은 자입니다. 야곱의 행동은 작은 자가 큰 자보다 더 큰 호의를 입게 될 것에 대한 예언적 상징이었으며, 예수 그리스도께서도 종종 이에 대한 말씀을 하셨습니다.

19. 그의 아버지가 허락하지 아니하며 이르되 나도 안다 내 아들아 나도

안다 그도 한 족속이 되며 그도 크게 되려니와 그의 아우가 그보다 큰 자가 되고 그의 자손이 여러 민족을 이루리라 하고

21. **이스라엘이 요셉에게 또 이르되 나는 죽으나 하나님이 너희와 함께 계시사 너희를 인도하여 너희 조상의 땅으로 돌아가게 하시려니와**

22. **내가 네게 네 형제보다 세겜 땅을 더 주었나니 이는 내가 내 칼과 활로 아모리 족속의 손에서 빼앗은 것이니라**

'나도 안다. 내 아들아 나도 안다' 라고 한 반복적인 야곱의 대답에서 그가 정확한 생각을 가지고 이런 행동을 했음을 알 수 있습니다. 소박한 단계에 사는 섬김의 사람들은 다른 이들보다 더욱 크게 됩니다. 스스로도 이와 같은 길을 걸어온 야곱은 요셉에게 하나님께서 항상 함께하실 것이라는 약속을 줍니다. 그리고 요셉이 겪은 핍박과 고난에 대해 다른 형제들보다 갑절의 기업으로 요셉을 축복합니다. 이것은 하나님께서 요셉을 특별하게 여기셨음에 대한 상징적인 행위이기도 합니다.

49장

1. 야곱이 그 아들들을 불러 이르되 너희는 모이라 너희가 후일에 당할 일을 내가 너희에게 이르리라

야곱은 자신의 내면에 있는 왕국과 오실 예수 그리스도께 연합되어 앞으로 있을 일을 아들들에게 예언합니다.

4. (르우벤은) 물의 끓음 같았은즉 너는 탁월하지 못하리니… 그가 내 침상에 올랐었도다

8. 유다야 너는 네 형제의 찬송이 될지라 네 손이 네 원수의 목을 잡을 것이요 네 아버지의 아들들이 네 앞에 절하리로다

야곱은 사람에게서 나온 힘은 물처럼 흘러 없어질 것이라고 르우벤에게 말합니다. 하지만 예수 그리스도를 품은 유다에게는 그의 형제들이 그를 찬송할 것이며, 모든 것을 이루신 예수 그리스도 안에서 그가 모든 원수를 이길 것이라고 예언합니다. 영의 세계를 사는 영혼들이 가진 능력은 자신의 것이 아닙니다. 이들의 모든 힘은 오직 하나님께 있습니다. 유다와 나머지 형제들을 구별하는 듯한 '네 아버지의 아들들' 이라는 표현은 하나님의 높으신 뜻에 전적으로 자신을 내어 드린 자들을 상징한다고 볼 수도 있습니다. 이들은 이스라엘의 참 자녀들이자 주께 합당한 경배를 드리는 자들입니다. 오직 영과 진리로 예배드리는 자들만이 바로 이와 같은 예배자라고 할 수 있습니다.

9. **유다는 사자 새끼로다 내 아들아 너는 움킨 것을 찢고 올라갔도다 그가 엎드리고 웅크림이 수사자 같고 암사자 같으니 누가 그를 범할 수 있으랴**

'사자' 라는 단어는 힘을 상징합니다. 새끼 사자라는 표현은 유다가 가진 힘이 아버지의 것이라는 동시에 그의 본성 안에도 잠재되어 있음을 보여 줍니다. 아버지가 곧 아들이요, 아들이 곧 아버지인 사자를 이길 자는 아무도 없습니다.

너는 움킨 것을 찢고 올라갔도다. 그 안에는 온 땅과 하늘을 정복하실 이의 피가 흐르고 있습니다. 움킨 것을 찢고 올라가는 사자와 같은 내면적 영혼들은 모든 방면에서 승리합니다. **그가 엎드리고 웅크림이 수사자 같고 암사자 같으니.** 이들은 담대함과 권능으로 충만하여 아무것도 두려워하지 않습니다. 자기에게 힘이 있기 때문에 안전한 사자와 같이 이들은 자신의 힘 되신 하나님 안에 안식을 누립니다. 누가 범할 수 있으랴! 이 같은 자가 있는 곳을 감히 누가 범하겠습니까? 하나님 안에서 영원한 안식을 누리고 있는 자는 지옥이라도 범할 수 없습니다.

사자의 웅크림은 마리아의 자궁 안에 거하시던 성육신 하신 말씀의 모습으로 볼 수도 있습니다. 그는 마치 자신의 굴 안에 웅크린 사자와 같이 마리아의 고결한 태 안에 머무셨습니다.

10. 규가 유다를 떠나지 아니하며 통치자의 지팡이가 그 발 사이에서 떠나지 아니하기를 실로가 오시기까지 이르리니 그에게 모든 백성이 복종하리로다

규가 유다에게 항상 머물러 있는 것은 그가 연합과 단순함을 통해 하나님의 나라에서 으뜸이 되었기 때문입니다. 그는 내적 평안을 통한 왕국을 그 안에 소유하였기 때문에 자신의 열정을 다스리는 자가 됩니다. 하지만 하나님의 말씀이 성육신 하신 이가 오시게 되면 예수님께서 모든 왕국을 소유하시고, 열국은 그분 안에서 다시 연합됩니다. 그리스도는 열방의 소망이요, 이러한 행복으로 부르심 받은 영혼들의 소망이십니다.

11. 그의 나귀를… 또 그 옷을 포도주에 빨며 그의 복장을 포도즙에 빨리로다

포도주는 예수 그리스도의 피를 상징합니다. 부르심 받은 자들에게는 순결함이나 어떤 공로도 없지만, 예수 그리스도 안에서 모든 것을 가졌습니다. 이들은 스스로에게 어떤 것도 기대하지 않을뿐더러 뭔가 하려고 노력하지도 않습니다. 다만 포도주 틀에서 으깨어진 포도와 같이 자신을 포도주처럼 내어 주신 예수 그리스도의 피로 모든 종류의 비참함을 덮고 깨끗해집니다. 어린 양의 피로 씻김을 받은 영혼들에게는 더 이상 두려울 것이 없습니다.

12. 그의 눈은 포도주로 인하여 붉겠고 그의 이는 우유로 말미암아 희리로다

그의 눈은 포도주 보다 붉겠고. 이 구절은 사람의 비참함을 보시고 이를 깨끗하게 하시는 주님의 자비의 능력과 신적 사랑 안에 숨겨진 자비를 아는 지식을 의미합니다. 하얀 이로 나타난 주님의 순결한 행하심은 어떤 말로도 다 설명할 수 없습니다.

22. 요셉은 무성한 가지 곧 샘 곁의 무성한 가지라 그 가지가 담을 넘었도다

24. 요셉의 활은 도리어 굳세며 그의 팔은 힘이 있으니 이는 야곱의 전능자 이스라엘의 반석인 목자의 손을 힘입음이라

자기를 완전히 부인한 영혼은 연약함에 둘러싸여 있을 때에도 강함 안에 거합니다. 그는 자신의 전능자 하나님의 손을 힘입었기 때문에 그의 활은 굳셉니다. 시험과 속박의 시간이 지나면 야곱의 전능자 하나님의 손이 이들을 위대한 축복으로 이끄십니다.

이는 야곱의 전능자 이스라엘의 반석인 목자의 손을 힘입음이라. 이 구절에는 두 가지 의미가 담겨 있습니다. 첫째로, 부활과 회복의 능력으로 자유함 안에 굳게 선 영혼은 이제 다른 이도 인도할 수 있는 역량을 갖추게 되었음을 의미합니다. 둘째로, 야곱의 전능자 하나님께서 이제 친히 모든 내적인 사람들의 인도자가 되심을 의미합니다. 바로 우리의 참 목자이신 예수 그리스도가 계시되는 순간이지요.

이스라엘의 반석은 첫째로 영적인 건축물의 모퉁잇돌이 되신 예수 그리스도를 의미합니다. 이 건축물은 인간적인 모래가 아닌 강한 바위이며 산 돌이 되신 예수 그리스도 위에 세워졌기 때문에 가치 있고 견고합니다. 또한 하나님 안에서 자신을 부인한 모든 영혼들의 아버지로서 이스라엘의 반석 위에 모든 인류가 세워진다고 볼 수도 있습니다.

25. **네 아버지의 하나님께로 말미암나니 그가 너를 도우실 것이요 전능자로 말미암나니 그가 네게 복을 주실 것이라 위로 하늘의 복과 아래로 깊은 샘의 복과 젖먹이는 복과 태의 복이리로다**

네 아버지의 하나님께로 말미암나니 그가 너를 도우실 것이요 전능자로 말미암나니 그가 네게 위로 하늘의 복을 주실 것이라. 빛과 사랑 안에서 하늘의 은혜와 호의를 받는 단계는 수동적이라 할 수 있습니다. 모든 것이 위로부터 내려오고, 모든 것이 확실하기 때문입니다. 하지만 우리는 하늘의 복뿐 아니라 **아래로 깊은 샘의 복**, 즉 깊은 구덩이의 부속물인 시험과 고난을 통과하기도 합니다. 이것은 택하심 받은 자들이 지나게 되는 내적 지옥이라고 볼 수도 있습니다. 과정은 끔찍하게 보일 수 있지만, 이기는 자들은 첫 번째 복보다 훨씬 큰 복을 받게 됩니다.

마지막으로 두 가지 복이 나옵니다. **젖먹이는 복**은 관상이라는 영적인 우유로 영적인 자녀들을 양육할 수 있는 능력을 상징합니다. **태의 복**은 예수 그리스도 안에서 영적 자녀의 출산을 의미합니다. 영적인 세대를 출산하는 태의 복의 은혜는 젖먹이는 복의 양육이나 교육의 복과는 차이가 있습니다. 영적 세대는 오직 예수 그리스도 안에서만 출산됩니다. 젖먹이는 복은 출산하지는 못하지만 양육을 담당합니다. 이 두 가지 복은 사도적 부르심을 완성시킵니다. 요셉에게 이처럼 완전한 복이 약속되었음을 알 수 있는 구절입니다.

26. **네 아버지의 축복이 내 선조의 축복보다 나아서 영원한 산이 한없음 같이 이 축복이 요셉의 머리로 돌아오며 그 형제 중 뛰어난 자의 정**

수리로 돌아오리로다

네 아버지의 축복이 내 선조의 축복보다 나아서. 요셉이 받은 복은 믿음과 자기부인을 통해 산출된 것이기에 그 어떤 복보다도 큽니다. 야곱은 마지막 말을 통해 요셉이 갔던 길을 그의 선조들도 걸어왔으며, 거룩한 산과도 같이 우뚝 솟은 영혼들의 소원은 연합 안에서 성취될 것을 예언합니다.

이처럼 믿음의 선조들의 삶의 양식은 모든 성자들의 소망인 예수 그리스도께서 오셔서 복음을 전파하시고 새로운 삶의 양식을 전해 주시기까지 자신을 부인한 영혼들을 통해 계속적으로 전수됩니다. 이를 통해 신비한 성육신의 사건이 영혼 안에 일어나 영혼으로 하여금 어떠한 매개물도 없이 홀로 주님 안에 존재하게 합니다.

야곱은 이 축복이 요셉의 머리로 돌아올 것이라고 말합니다. 요셉이 비록 신비의 삶 속에서 매우 높은 경지에 다다랐을지라도 이 세상에 모든 것의 시작과 끝이 되신 예수 그리스도와 같은 분은 없습니다.

50장

16. 요셉에게 말을 전하여 이르되 당신의 아버지가 돌아가시기 전에 명령하여 이르시기를

17. 너희는 이같이 요셉에게 이르라 네 형들이 네게 악을 행하였을지라도 이제 바라건대 그들의 허물과 죄를 용서하라 하셨나니 당신 아버지의 하나님의 종들인 우리 죄를 이제 용서하소서

19. 요셉이 그들에게 이르되 두려워하지 마소서 내가 하나님을 대신하리이까

20. 당신들은 나를 해하려 하였으나 하나님은 그것을 선으로 바꾸사 오늘과 같이 많은 백성의 생명을 구원하게 하시려 하셨나니

요셉의 형들은 복수를 두려워합니다. 형들은 하나님의 다스림 아래 있는 자들이 자신에게 가해진 악을 쉽게 잊어버린다는 것과 그들의 관대함에 대해 잘 알지 못했습니다. **당신 아버지의 하나님의 종들**이라는 표현으로 형들은 요셉의 용서를 구하려 합니다. 하나님을 상기시키는 것보다 더 효과적인 설득은 없다고 생각한 것입니다.

하지만 하나님의 뜻 안에 굳건히 서서 가장 높은 차원의 완전함에 도달한 요셉은 이 모든 것이 아무도 저항할 수 없는 하나님의 뜻이었음을 고백합

니다. **두려워하지 마소서 내가 하나님을 대신하리이까.** 하나님께서는 사람의 악한 동기들을 사용하사 선으로 바꾸시고, 굴욕의 대상으로 지목된 자들을 높이 들어 올리시는 분이십니다. 주님은 모든 것을 통해 선을 이루시는 분이기에 본래 우리에게 해로운 죄라 할지라도 하나님의 손에서는 유용하게 쓰임 받습니다.

모든 것의 시작이자 끝이 되신 거룩하신 분이여, 어찌나 소수의 영혼들만이 당신의 명령 앞에 자기를 완전히 부인하는지요!

순전한나드 도서안내 02-574-6702

No.	도서명	저자	정가
1	존 비비어의 승리〈개정판〉	존 비비어	12,000
2	교회를 뒤흔드는 악령을 대적하라	프랜시스 프랜지팬	5,000
3	교회를 어지럽히는 험담의 악령을 추방하라	프랜시스 프랜지팬	5,000
4	그리스도인의 삶의 비결〈개정판〉	진 에드워드	9,000
5	존 비비어의 친밀감〈개정판〉	존 비비어	14,000
6	내 백성을 자유케 하라	허 철	10,000
7	내게 신선한 기름을 부으셨나이다	허 철	9,000
8	내어드림	페늘롱	7,000
9	더 넓게 더 깊게	메릴린 앤드레스	13,000
10	마켓플레이스 크리스천〈개정판〉	로버트 프레이저	9,000
11	존 비비어의 축복의 통로〈개정판〉	존 비비어	8,000
12	부서트리고 무너트리는 기름 부으심	바바라 J. 요더	8,000
13	사도적 사역	릭 조이너	12,000
14	사사기	잔느 귀용	7,000
15	상한 마음을 치유하는 기도	마크 & 패티 버클러	15,000
16	상한 영의 치유1	존 & 폴라 샌드포드	17,000
17	상한 영의 치유2	존 & 폴라 샌드포드	13,000
18	성령님을 아는 놀라운 지식	허 철	10,000
19	속사람의 변화 1	존 & 폴라 샌드포드	11,000
20	속사람의 변화 2	존 & 폴라 샌드포드	13,000
21	신부의 중보기도	게리 윈스	11,000
22	아가서	잔느 귀용	11,000
23	악의 속박으로부터의 자유	릭 조이너	9,000
24	어머니의 소명	리사 하텔	12,000
25	여정의 시작	릭 조이너	13,000
26	영광스러운 교회에 보내는 메시지 1	릭 조이너	10,000
27	영분별	프랜시스 프랜지팬	3,500
28	영적 전투의 세 영역〈개정판〉	프랜시스 프랜지팬	11,000
29	예레미야	잔느 귀용	6,000
30	예수 그리스도와의 친밀함	잔느 귀용	7,000
31	예수님을 닮은 삶의 능력〈개정판〉	프랜시스 프랜지팬	12,000
32	예수님을 향한 열정〈개정판〉	마이크 비클	12,000
33	잔느 귀용의 요한계시록〈개정판〉	잔느 귀용	13,000
34	인간의 7가지 갈망하는 마음	마이크 비클 & 데보라 히버트	11,000
35	저주에서 축복으로	데릭 프린스	6,000
36	주님, 내 마음을 열어주소서	캐티 오츠 & 로버트 폴 램	9,000
37	지구상에서 가장 강력한 기도	피터 호로빈	7,500
38	축사사역과 내적치유의 이해 가이드	존 & 마크 샌드포드	20,000
39	출애굽기	잔느 귀용	10,000
40	하나님과 동행하는 사람들〈개정판〉	샨 볼츠	9,000
41	하나님과 사람에게 더욱 사랑스러운 자	듀안 벤더 클럭	10,000
42	하나님과의 연합	잔느 귀용	7,000
43	하나님을 연인으로 사랑하는 즐거움	마이크 비클	13,000
44	하나님 마음에 합한 사람	마이크 비클	13,000
45	하나님의 아름다움을 바라보는 축복	허 철	10,000
46	하나님의 요새〈개정판〉	프랜시스 프랜지팬	9,000
47	하나님의 장군의 일기〈개정판〉	잔 G. 레이크	6,000
48	항상 배가하는 믿음〈개정판〉	스미스 위글스워스	13,000
49	항상 부족함이 없으리로다	롤랜드 & 하이디 베이커	8,000

No.	도서명	저자	정가
50	혼동으로부터의 자유	릭 조이너	5,000
51	혼의 묶임을 파쇄하라	빌 & 수 뱅크스	10,000
52	존 비비어의 회개〈개정판〉	존 비비어	11,000
53	횃불과 검	릭 조이너	8,000
54	금식이 주는 축복	마이크 비클 & 다나 캔들러	12,000
55	부활	벤 R. 피터스	8,000
56	거절의 상처를 치유하시는 하나님	데릭 프린스	6,000
57	존 비비어의 분별력〈개정판〉	존 비비어	13,000
58	통제 불능의 상황에서도 난 즐겁기만 하다	리사 비비어	12,000
59	어린이와 십대를 위한 축사사역	빌 뱅크스	11,000
60	빛은 어둠 속에 있다	패트리샤 킹	10,000
61	목적으로 나아가는 길	드보라 조이너 존슨	8,000
62	컴 투 파파	게리 윈스	13,000
63	러쉬 아워	슈프레자 싯홀	9,000
64	지도자의 넘어짐과 회복	웨이드 굿데일	12,000
65	하나님의 일곱 영	키이스 밀러	13,000
66	너희 지체를 의의 병기로 하나님께 드리라	허 철	8,000
67	추수의 비전	릭 조이너	8,000
68	하나님의 집	프랜시스 프랜지팬	11,000
69	도시를 변화시키는 전략적 중보기도	밥 하트리	8,000
70	왕의 자녀의 초자연적인 삶	빌 존슨 & 크리스 밸러턴	13,000
71	언약기도의 능력	프랜시스 프랜지팬	8,000
72	믿음으로 산 증인들	허 철	12,000
73	욥기	잔느 귀용	13,000
74	나라를 변화시킨 비전: 윌리엄 테넌트의 영적인 유산	존 한센	8,000
75	세상을 다스리는 권세의 회복	레베카 그린우드	10,000
76	창세기 주석	잔느 귀용	12,000
77	하나님의 강	더치 쉬츠	13,000
78	당신의 운명을 장악하라	알렌 키란	13,000
79	자살	로렌 타운젠드	10,000
80	레위기 · 민수기 · 신명기 주석	잔느 귀용	12,000
81	그리스도인의 영적혁명	패트리샤 킹	11,000
82	초자연적 중보기도	레이첼 힉슨	13,000
83	나는 하나님의 음성을 듣는다	킴 클레멘트	11,000
84	하나님의 초자연적인 능력	바비 코너	11,000
85	거룩과 진리와 하나님의 임재	프랜시스 프랜지팬	9,000
86	사랑하는 하나님	마이크 비클	15,000
87	일곱 교회 이기는 자에게 주시는 축복	허 철	9,000
88	일터에 영광이 회복되다	리차드 플레밍	12,000
89	초자연적 경험의 신비	짐 골 & 줄리아 로렌	13,000
90	웃겨야 살아난다	피터 와그너	8,000
91	폭풍의 전사	마헤쉬 & 보니 차브다	13,000
92	천국 보좌로부터 온 전략	샌디 프리드	11,000
93	영향력	윌리엄 L. 포드 3세	11,000
94	속죄	데릭 프린스	13,000
95	신의 성품에 참예하는 자	허 철	8,000
96	예언, 꿈, 그리고 전도	덕 애디슨	13,000
97	아가페, 사랑의 길	밥 멈포드	13,000
98	불타오르는 사랑	스티브 해리슨	12,000

No.	도서명	저자	정가
99	그 이상을 갈망하라!	랜디 클락	13,000
100	능력, 성결, 그리고 전도	랜디 클락	13,000
101	종교의 영	토미 펨라이트	11,000
102	예기치 못한 사랑	스티브 J. 힐	10,000
103	모르드개의 통곡	로버트 스턴스	13,500
104	1세기 교회사	릭 조이너	12,000
105	예수님의 얼굴〈개정판〉	데이비드 E. 테일러	13,000
106	토기장이 하나님	마크 핸비	8,000
107	존중의 문화〈개정판〉	대니 실크	13,000
108	제발 좀 성장하라!	데이비드 레이븐힐	11,000
109	정치의 영	파이살 말릭	12,000
110	이기는 자의 기름 부으심	바바라 J. 요더	12,000
111	치유 사역 훈련 지침서	랜디 클락	12,000
112	헤븐	데이비드 E. 테일러	13,000
113	더 크라이	키스 허드슨	11,000
114	천국 여행	리타 베넷	14,000
115	파수 기도의 숨은 능력	마헤쉬 & 보니 차브다	13,000
116	지저스 컬처	배닝 립스처	12,000
117	넘치는 기름 부음	허 철	10,000
118	거룩한 대면	그래함 쿡	23,000
119	선지자 학교	조나단 웰튼	12,000
120	믿음을 넘어선 기적	데이브 헤스	10,000
121	꿈 상징 사전	조 이보지	8,000
122	삶을 변화시키는 성령의 권능	스티븐 브룩스	11,000
123	영적 전쟁의 일곱 영	제임스 A. 더함	13,000
124	영적 전쟁의 승리	제임스 A. 더함	13,000
125	기적의 방을 만들라	마헤쉬 & 보니 차브다	12,000
126	개인적 예언자	미키 로빈슨	13,000
127	어둠의 영을 축사하라	짐 골	13,000
128	보좌를 향하여	폴 빌하이머	10,000
129	적그리스도의 영을 정복하라	샌디 프리드	13,000
130	성령님 알기	마헤쉬 & 보니 차브다	12,000
131	십자가의 권능	마헤쉬 & 보니 차브다	13,000
132	성령이 이끄시는 성공	대니 존슨	13,000
133	축복의 능력	케리 커크우드	13,000
134	하나님의 호흡	래리 랜돌프	11,000
135	아름다운 상처	룩 홀터	11,000
136	하나님의 길	덕 애디슨	13,000
137	천국 체험	주디 프랭클린 & 베니 존슨	12,000
138	당신의 사명을 깨우라	M. K. 코미	11,000
139	기독교의 유혹	질 섀넌	25,000
140	우리가 몰랐던 천국의 자녀양육법	대니 실크	12,000
141	임재의 능력	매트 소거	12,000
142	예수의 책	마이클 코울리아노스	13,000
143	신앙의 기초 세우기	래리 크레이더	13,000
144	내 인생을 바꿔 줄 최고의 여행	제이 스튜어트	12,000
145	시간 & 영원	조슈아 밀즈	10,000
146	거룩한 흐름, 분위기	조슈아 밀즈	10,000
147	하이디 베이커의 사랑	하이디 & 롤랜드 베이커	13,000

No.	도서명	저자	정가
148	하나님의 임재	빌 존슨	13,000
149	영광의 사역	제프 젠슨	12,000
150	초자연적 기름부음	줄리아 로렌	12,000
151	하나님의 갈망	제임스 A. 더함	14,000
152	형통의 문을 여는 31가지 선포기도	케빈 & 캐티 바스코니	5,000
153	임박한 하나님의 때	R. 로렌 샌드포드	13,000
154	하나님을 향한 울부짖음	바바라 J. 요더	12,000
155	춤추는 하나님의 손	제임스 말로니	37,000
156	참소자를 잠잠케 하라	샌디 프리드	13,000
157	영광이란 무엇인가?	폴 맨워링	14,000
158	내일의 기름부음	R. T. 켄달	13,000
159	영적 전투를 위한 전신갑주	크리스 밸러턴	12,000
160	성령을 소멸치 않는 삶	R. T. 켄달	13,000
161	초자연적인 삶	아담 F. 톰슨	10,000
162	한계를 돌파하라	샌디 프리드	13,000
163	블러드문	마크 빌츠	11,000
164	마지막 부흥을 위하여	시드 로스	10,000
165	구약에서 일어난 모든 일들	윌리엄 H. 마티	13,000
166	신약에서 일어난 모든 일들	윌리엄 H. 마티	11,000
167	드보라 군대	제인 해몬	14,000
168	거룩한 불	R. T. 켄달	13,000
169	기적 안에 걷는 삶	캐더린 로날라	12,000
170	당신의 자녀를 향한 하나님의 65가지 약속	마이크 슈리브	8,000
171	무슬림 소녀, 예수님을 만나다	사마 하비브 & 보디 타이니	13,000
172	스미스 위글스워스의 병 고침〈개정판〉	스미스 위글스워스	12,000
173	뇌의 스위치를 켜라	캐롤라인 리프	13,000
174	약속된 시간	제임스 A. 더함	13,000
175	실패를 딛고 일어서는 믿음	샌디 프리드	12,000
176	스미스 위글스워스의 성령의 은사〈개정판〉	스미스 위글스워스	13,000
177	끝날 때까지 끝난 것이 아니다	R. T. 켄달	15,000
178	완전한 기억	마이클 A. 댄포스	10,000
179	금촛대 중보자들 1	제임스 말로니	15,000
180	마지막 때와 이슬람	조엘 리차드슨	15,000
181	질투	R. T. 켄달	14,000
182	사탄의 전략	페리 스톤	14,000
183	죽음에서 생명으로	라인하르트 본케	12,000
184	금촛대 중보자들 2	제임스 말로니	13,000
185	금촛대 중보자들 3	제임스 말로니	13,000
186	올바른 생각의 힘	케리 커크우드	12,000
187	부흥의 거장들	빌 존슨 & 제니퍼 미스코브	25,000
188	악의 삼겹줄을 파쇄하라〈개정판〉	샌디 프리드	12,000
189	지옥의 실체와 하나님의 열쇠	메리 캐서린 백스터	12,000
190	문지기들이여 일어나라	제임스 A. 더함	15,000
191	안식년의 비밀	조나단 칸	15,000
192	교회를 깨우는 한밤의 외침	R. T. 켄달	15,000
193	하나님의 시간표	마크 빌츠	12,000
194	사랑의 통역사	샨 볼츠	12,000
195	예루살렘의 평화를 위해 기도하라	탐 헤스	13,000
196	마이크 비클의 기도	마이크 비클	25,000

No.	도서명	저자	정가
197	유대적 관점으로 본 룻기	다이앤 A. 맥닐	13,000
198	폭풍을 향해 노래하라	디모데 D. 존슨	13,000
199	세미한 하나님의 음성을 듣는 방법	스티브 샘슨	12,000
200	영광의 세대	브루스 D. 알렌	15,000
201	영적 분위기를 바꾸라	다우나 드 실바	12,000
202	하나님을 홀로 두지 말라	행크 쿠네만	14,000
203	하나님이 디자인하신 완전한 나	캐롤라인 리프	20,000
204	대적의 문을 취하라〈개정증보판〉	신디 제이콥스	15,000
205	R. T. 켄달의 임재	R. T. 켄달	13,000

PURE 순전한 나드 NARD

PURE 순전한 나드 NARD